红色基因

★ 奋斗篇 ★

蒋海升 主编
徐 杰 宫春辉 编著

泰山出版社 · 济南 ·

图书在版编目（CIP）数据

红色基因. 奋斗篇 / 蒋海升主编；徐杰，宫春辉编著. —济南：泰山出版社，2021. 10（2024. 10重印）

ISBN 978-7-5519-0655-5

Ⅰ. ① 红… Ⅱ. ① 蒋… ② 徐… ③ 宫… Ⅲ. ① 中国共产党—党员—先进事迹 Ⅳ. ① D263

中国版本图书馆CIP数据核字（2021）第119011号

HONGSE JIYIN · FENDOU PIAN

红色基因 · 奋斗篇

策　　划　胡　威
主　　编　蒋海升
编　　著　徐　杰　宫春辉
责任编辑　赵　雨
装帧设计　路渊源

出版发行　泰山出版社
社　址　济南市泺源大街 2 号　邮编　250014
电　话　综 合 部（0531）82023579　82022566
出版业务部（0531）82025510　82020455
网　址　www.tscbs.com
电子信箱　tscbs@sohu.com
印　　刷　山东新华印务有限公司
成品尺寸　148 mm × 210 mm　32 开
印　　张　8.5
字　　数　165 千字
版　　次　2021 年 10 月第 1 版
印　　次　2024 年 10 月第 2 次印刷
标准书号　ISBN 978-7-5519-0655-5
定　　价　36.00 元

『序言』

讲好红色故事，激活红色基因

党的十八大以来，习近平总书记多次强调，红色基因就是要传承，让信仰之火熊熊不息，让红色基因融入血脉，让红色精神激发力量，要把理想信念的火种、红色传统的基因一代代传下去，让革命事业薪火相传、血脉永续。

红色基因是什么？红色，代表着光明与温暖，象征着革命与胜利，凝聚着力量，引领着未来。“红色基因”是中国共产党人的精神内核，是中华民族的精神纽带，始终贯穿在中国共产党从小到大、从弱到强、不断从胜利走向胜利的辉煌历程中。建党一百年来，中国共产党书写了波澜壮阔的革命史、艰苦卓绝的奋斗史、可歌可泣的英雄史。一部党史，蕴含着丰富的革命精神，包含了革命先辈的崇高理想和坚定信念，凝聚了党的优良革命传统和集体智慧。红色基因形成于艰苦卓绝的战争年代，在井冈山、瑞金、遵义、延安、西柏坡等地凝聚，并伴随着中国革命、建设、改革的伟大历程传承至今。红色基因是历史的积淀，是历史真正厚重之所在。红色基因中有信仰，能够使我们“不畏浮云遮望眼”；红色基因中有定力，能够使我们“咬定青山不放松”；红色基因中有成功之道，能够使我们从看似“山重水复疑无路”中，领略“柳暗花明又一村”的意境。红色基因植根于革命先烈用鲜血染红的泥土中，传承于一代一代人不懈奋斗的事业中，与我们每一个人情感相连、命运相系，是我们精神的归宿、初心的原点。它清晰地告诉我们——今天的中国从何处来，又往何处去。

红色基因中包含着信念。是革命理想高于天的坚定信仰，目光远大，追求高远；红色文化是一种崇高坚定顽强的信念文化。真正的革命者清楚地认识到革命的本质，因而具有坚定的意志和崇高的使命感。“但有使命，万死不辞。”信仰不够坚定，面对困难中途退出，他们是逃兵，不是革命者；信仰不够坚定，面对危险选择变节，他们是叛徒，不是革命者。革命者的使命感就是人生意义在于革命事业。敌人“只能砍下我们的头颅，决不能丝毫动摇我们的信仰！我们的信仰是铁一般的坚硬的”。理想信念是革命者一往无前的坚实支撑。

红色基因中包含着忠诚。对党忠诚，是共产党人首要的政治品质。党一路走来，经历了无数艰险和磨难，但任何困难都没有压垮党，任何敌人都没能打倒党，靠的就是千千万万党员的忠诚。“党有指示，虽死不辞”，爱党爱国，永远听党话、跟党走，服从中央、顾全大局，矢志不渝、至死追随，坚守高度自觉严格的革命纪律，任何时候、任何情况下都同党中央保持高度一致，一心一意、一以贯之，表里如一、知行合一。“对党绝对忠诚要害在‘绝对’两个字，就是唯一的、彻底的、无条件的、不掺任何杂质的、没有任何水分的忠诚。”对党绝对忠诚，既是政治标准，更是实践标准。任何时候任何情况下都不改其心、不移其志、不毁其节，把对党忠诚真正落到实处。

红色基因中包含着为民。“人民对美好生活的向往，就是我们的奋斗目标。”中国共产党人的初心是什么，归根结底，就是“民心”，即为民之心，为人民服务的心，对人民的拳拳赤子之心，带领人民创造幸福生活、满足人民对美好生活向往的心。坚持以人民为中心是共产党领导人反复强调的核心价值取向。党自成立之日起，就把坚持人民利益高于一切鲜明地写在自己的旗帜上，把实现好、维护好、发展好最广大人民根本利益作为一切工作的出发点和落脚点。一百年来，我们党之所以能够从小到大、从弱到强，关键就在于始终坚持以人民为中心，权为民所用、情为民所系、利为民所谋，无私奉献，无怨无悔，践行全心全意为人民服务的根本宗旨。

红色基因中包含着奋斗。“宝剑锋从磨砺出，梅花香自苦寒来。”任何事业的成功离不开艰苦奋斗。奋斗是艰辛的，艰难困苦、玉汝于成，没有艰辛就不是真正的奋斗，在艰苦奋斗中才能净化灵魂、磨砺意志、坚定信念。奋斗是长期的，前人栽树、后人乘凉，伟大事业需要几代人、十几代人、几十代人持续奋斗。坚持和发扬艰苦奋斗精神是我们党一个永恒的主题。艰苦奋斗是党在长期革命、建设过程中形成的优良传统和作风，是党的政治本色，是党的宝贵精神财富。艰苦奋斗的精神永远不会过时。

红色基因中包含着意志。革命者的意志是用钢铁做的，革命者具有坚强意志不屈气节和反抗精神。越是困难时期，革命者的信仰越执着、意志越坚定。为了实现自己的理想和奋斗目标，即使牺牲生命也在所不惜。大义凛然，视死如归。战场拼死易，从容就义难。面对敌人的铁窗与枷锁，面对敌人的罪恶枪口，革命者们泰然自若和从容决绝。中国共产党人是特有的英勇顽强、意志如钢、敢于战斗、不怕牺牲、宁死不屈、不畏艰险、勇于拼搏、自强不息、一不怕苦二不怕死的战斗精神的凝结。

……

红色基因有丰富的内涵。红色基因，让青春常驻，让生命之花绽放，让人生的每个时期都有其独特的魅力。

生活在我们这样一个拥有无数先烈的国度里，英雄的故事有口皆碑，红色印记随处可见。然而，每个人内心里的红色种子，不会自然而然地长成参天大树，需要不断地呵护她、激活她，使其永葆生机与活力；需要不断地培育她、浇灌她，使其汲取养料茁壮成长。那么，如何激活红色基因呢？

习近平总书记在瞻仰井冈山革命烈士陵园时，曾讲过一段深情的话语，井冈山是革命的山、战斗的山，也是英雄的山、光荣的山，每次来缅怀革命先烈，思想都受到洗礼，心灵都产生触动。回想过去那段峥嵘岁月，我们要向革命先烈表示崇高的敬意，我们永远怀念他们、牢记他们，传承好他们的红色基因。遍布于全国各地的纪念馆、纪念地，是红色基因的“孕育地”“储存库”，充分发挥好红色资源作用，经常到这些地方拜谒、瞻仰、学习，可以使我们的心灵得以滋养、灵魂得以净化、境界得以提升，从红色基因中汲取前进的力量。

历史是最好的教科书，也是最好的清醒剂。一本好书、一个好的故事，既是一扇窗户，让人走进历史、了解历史，也是一粒种子，让人在内心激发认同、产生情感共鸣。只有了解才能理解，只有“通情”才能“达理”，从而激活红色基因，把红色基因的根基扎深扎牢。

革命先烈、英模人物的榜样力量，是优良传统的人格化身，是红色基因的鲜活体现。从他们身上，我们能够感受到一种强烈的气场、一种催人奋进的力量。不懂历史的民族没有根，淡忘英雄的民族没有魂。激活红色基因，当以英模人物为榜样，自觉向他们看齐。“清气澄余滓，杳然天界高。”榜样就是阵阵“清气”，能够澄滤“余滓”，引导我们进入“杳然”人生之境。

“传统不是守住炉灰，而是热情火焰的传递。”红色基因不是古董，她的生命力在于挖掘出新的时代内涵，彰显出新的时代价值。感悟革命传统的崇高，激活我们身上的红色基因，最终要体现到为崇高事业的不懈奋斗中。惟有保持革命战争年代那么一股劲，那么一种革命热情，那么一种拼命精神，才能使红色基因代代相传，使我们的事业永续推进。

讲好红色故事，激活红色基因。一位作家说过：人生不是一支短暂的蜡烛，而是一支由我们暂时拿着的火炬，我们一定要把它燃烧得十分光明耀眼，然后交给下一代。“红色基因”鼓舞着一代又一代中华儿女为了中华民族的伟大复兴而坚强自立、坚持梦想、勇往直前。面对敌对势力的阻挠诋毁，面对自然灾害的汹涌来袭，我们不动摇、不懈怠、不折腾，用勤劳和智慧、用坚定与执着，写下了令世人惊叹的“中国故事”。今天，历史的接力棒传到我们手上，我们当分外珍惜这一荣光，在回首中铭记，在缅怀中传承，在开拓中弘扬，让红色基因融入血脉代代相传，永不变色，不断书写出新的光辉篇章！

『目录』

01 陈嘉庚：伟大的爱国者，不懈的奋斗者

在祖国的东南之滨、鹭岛之南，著名的厦门大学背山面海，在民族英雄郑成功曾经的演武场上拔地而起。1921 年，厦门大学和中国共产党同年而生，这既是历史的巧合，也注定厦大与国家同命运，与民族共呼吸。厦大的创办者是被誉为“华侨旗帜，民族光辉”的陈嘉庚。

陈嘉庚

陈嘉庚是今福建厦门人。17 岁的时候，南渡新加坡，跟随父亲学习经商，协助父亲经营打理米店。后来他发现西方各国对菠萝罐头的需求量极大，于是决定独立建厂，自己经营。经过一段时间的摸索，他摸清了整

个产业的供求状况，并及时调整自己的供应策略和生产方式，很快就击败了所有的竞争对手。菠萝生意成功后，他顺势发展橡胶产业，很快也取得了成功，被誉为“橡胶大王”。他恪守诚信，经营有方，经过 20 多年的时间，便成为当地实力雄厚的大企业家。

虽然人在异国他乡，但陈嘉庚始终心系祖国。1910 年，他在新加坡加入同盟会，捐款捐物，大力支持孙中山先生领导的辛亥革命。

辛亥革命后，陈嘉庚回到了自己的家乡。他看到年幼的孩子衣不蔽体、无学可上，内心深感难过。“教育是立国之本”，兴学报国成为他的志向。

1913 年，陈嘉庚在他的家乡创办集美小学，之后又陆续创办女子小学、中学以及水产、农林、商科、国学等各类专科学校，并先后出资捐助福建省 70 余所学校，给他们招生办学提供指导和帮助。

1921 年，他又斥巨资创办厦门大学，定校训为“自强不息，止于至善”。这是中国近代第一所由华侨独资创办的大学，陈嘉庚以一人之力维持了近 20 年。甚至在他遭遇经济危机时，他依然发出了“宁可变卖大厦，也要维持厦大”这样振聋发聩的声音。他这么说了，也确实这么做了。1933 年，陈嘉庚的公司遭受重创，他不惜变卖了家中的三套别墅，将所得费用全部用作了厦门大学的运营经费。

1928 年，济南惨案发生，陈嘉庚带领华侨开展救亡运动，他带头捐款捐物，募集资金，精心筹划，并号召华侨反对日寇的侵略暴行。

抗日战争全面爆发后，陈嘉庚在新加坡组织了“南洋华侨筹赈祖国难民总会”，并当选为总会主席。作为南洋华侨众望所归的领袖，陈嘉庚发动海外华人华侨同仇敌忾，一致抗战，通过募捐筹款、捐赠实物等形式支援国内抗战。1937 年到 1943 年间，仅通过银行完成的侨汇就有 55 亿元之多。

除此之外，他还组织各地筹赈会捐献衣服、药品、卡车等物资，并在新加坡和重庆投资设立制药厂，直接为前线供应药品。同时他还从南洋等地招募经验丰富的机工，由这些机工驾驶汽车为国内运送各种急需的战略物资，极大地支持了祖国的抗战事业。

1940 年，陈嘉庚历尽万难来到延安与毛泽东会晤。看到延安军民和谐、人民生活充满朝气的情景，他不禁发出“中国的希望在延安”的感慨。

抗日战争胜利后，陈嘉庚重返新加坡。1949 年，他应毛泽东主席的邀请，回国参加第一届中国人民政治协商会议与开国大典，之后回国定居。

毛泽东主席曾为陈嘉庚题词：“华侨旗帜，民族光辉。”这位爱国华侨领袖，杰出的企业家、教育事业家、社会活动家，穷尽毕生之力，都在为国家和民族而奋斗。其伟大的人格和崇高的品质直至今日仍闪烁着耀眼的光辉。

02 吴玉章：一息尚存须努力，留作青年好范畴

“一个人做点好事并不难，难的是一辈子做好事，不做坏事，一贯地有益于广大群众，一贯地有益于青年，一贯地有益于革命，艰苦奋斗几十年如一日，这才是最难最难的啊！”这段话是毛泽东在为吴玉章补办六十寿辰庆祝会上有感而发的，也是吴玉章一生最真实的写照。

1878 年 12 月，吴玉章出生于今四川自贡的一个贫穷家庭。虽然家境贫寒，但“珠明玉润尽惊人，不称寒门不称贫”。吴玉章自小忠厚笃诚，坚韧沉毅，喜欢读书，尤其是史学类书籍。他学识渊博，有“金玉文章”之誉。

早年间，吴玉章见过轰轰烈烈的戊戌变法是怎样失败的，也目睹了自贡当地的贪官硕鼠是如何搜刮民脂民膏、鱼肉百姓的，从那时起，他便觉得清政府已经无药可救了。

25 岁时，他远赴日本留学，留学期间结识了孙中山先生，加入了同盟会，成为同盟会早期的核心会员，从此不断参加各种革命活动。在长期的革命实践中，民主共和的观念深深植进

了他的心里。于是他想要改变这个现状，想要建立一个民主自由的国家。他购买军火支援黄花岗起义，领导四川百姓发动轰轰烈烈的“保路运动”，又在成都训练兵团，攻打驻扎在那里的清军。

没过多久，他的第一个愿望实现了。1911 年 9 月，吴玉章与同乡龙鸣剑、王天杰共同举事发动起义，宣布荣县独立，接着又宣布内江独立，开辛亥革命起义之先河。荣县是辛亥革命时期由同盟会建立的第一个县级政权，它的独立扩大了武昌起义的影响。辛亥革命虽然推翻了封建帝制，但革命的基本任务却并未实现，尤其是袁世凯的篡权使革命成果尽数丧失，吴玉章的内心十分痛苦。1913 年，他同孙中山一道发起“二次革命”，可惜革命失败，又被通缉，被迫流亡法国。

1917 年，吴玉章归国。他坚信中国的发展离不开人才，人才的培养离不开教育。他在北京创办了留法预备学校，在他选定赴法留学的学生中，就有周恩来、陈毅、蔡和森、邓小平等中国共产党的骨干精英。1925 年，他加入了中国共产党。

1927 年，国民党已经磨刀霍霍，决定对共产党予以制裁，准备先除掉有着“谋反”迹象的贺龙。当时吴玉章任国民党中常委，他秘密将贺龙的军队调到武汉，这支队伍后来成为南昌起义的主力军。南昌起义时，吴玉章任革命委员会委员兼秘书长。

南昌起义结束后没多久，吴玉章按照党中央要求，前往苏联考察学习，一去就是 11 年。其间他还曾前往西欧等地短暂工作，参加过共产国际第七次代表大会，每去一个地方，均被人广为称赞。

1938年吴玉章回国，此时的他已经是著名的政治活动家和国际知名人士，受到各界欢迎，国民党想要拉拢他。但吴玉章坚定地表示自己信仰共产主义，绝不动摇，永远跟着中国共产党走。

吴玉章历任陕甘宁边区文化教育委员会主任、鲁迅艺术学院院长、华北大学校长等职，早在20世纪40年代时，就同董必武、林伯渠、徐特立、谢觉哉被誉为著名的“延安五老”。

从同盟会开始，他一路颠沛流离，艰苦备尝，但从未放弃过革命。82岁时，吴玉章曾写下一首自勉诗：“春蚕到死丝方尽，人至期颐亦不休。一息尚存须努力，留作青年好范畴。”这是他对自己的激励，也是他一生最好的概括。不论是青年还是暮年，吴玉章都在为中国的革命、教育事业而奋斗。1966年12月12日，吴玉章带着他未完成的教育梦想与世长辞。他穷尽毕生之力，为革命、为青年、为教育事业辛劳付出，真正做到了“一辈子做好事”。

03 邹韬奋：为救国运动奋斗不息

以邹韬奋的名字命名的新闻奖项，是中国新闻人的职业追求；他创办的三联书店，是无数读者的心灵寄托。作为一位新闻人，他努力办好人民大众所需要的报刊；作为一名爱国人士，他为民族独立鞠躬尽瘁，死而后已。

少年时代，邹韬奋在福州求学，17 岁考入上海南洋公学（上

邹韬奋

海交通大学前身)。在这里，他从小学、中学，一直读到大学机电科。作为一名“工科男”，邹韬奋偏爱的却是语文和历史，一心想的是如何成为一名新闻记者。1919 年，22 岁的邹韬奋转入上海圣约翰大学，主修西洋文学，辅修教育学。大学期间，邹韬奋经常利用课余时间写稿，并在学校校报和一些学生报刊上发表文章。

1921 年 7 月，大学毕业的邹韬奋一心想要进入新闻界工作，却苦于找不到机会，终于在 1922 年，经黄炎培介绍，进入中华职业教育社(推广职业教育的社会团体)工作，主编月刊《教育与职业》。

1925 年，中华职业教育社在上海创办《生活》周刊，邹韬奋经常在杂志上发表文章。1926 年，周刊出版满一年之际，邹韬奋开始担任《生活》周刊主编。邹韬奋曾说,《生活》周刊是能使他干得兴会淋漓、全身心陶醉在其中的事业。之后，邹韬奋又创办《大众生活》《生活日报》《生活日报星期刊》等报刊，开设生活书店，毕生都奋斗在新闻出版事业一线。

邹韬奋积极参加抗日救亡活动，“生活”系列报刊逐渐受到读者关注，产生了广泛的社会影响。在邹韬奋接手《生活》周刊之前,《生活》周刊主要探讨个人职业与生计问题；在邹韬奋接手之后,《生活》周刊转为以评述时事政治与社会问题为主。1931 年，九一八事变爆发后,《生活》周刊迅速做出反应，刊登大量时事材料，宣传抗日救亡，逐步走到民族解放斗争前列。1932 年，“一・二八”淞沪抗战爆发后,《生活》周刊组织读者支援前线，发动读者捐款、捐物、开办医院等。

大声疾呼抗日救亡的同时，邹韬奋勇敢地揭露国民党统治的腐败，抨击国民党的错误政策。1932 年，国民党政府下令停止《生活》周刊邮寄，读者被捕事件时有发生。即使这样，也无法阻止《生活》周刊在读者中影响的扩大。这一年，《生活》周刊成为全国销量最高的杂志，邹韬奋公开拥护和宣传社会主义的文章被越来越多的读者看到。

1933 年，邹韬奋被国民党特务列入暗杀名单，紧急情况之下，他流亡欧洲，《生活》周刊也被迫停刊。邹韬奋曾写道："我深信《生活》周刊的精神是永远存在的，因为它所反映的大众的意志和努力不是一下子可以消灭的。"

中华民族的出路是怎样的？流亡期间的邹韬奋一直在思索，他也从未停下手中的笔，撰写的各国见闻不断被寄回国内发表，希望能在中华民族的出路问题上给读者以启发。

1935 年，邹韬奋回国，在上海创办了《大众生活》周刊。"一二·九"运动发生后，《大众生活》立即响应，连续大篇幅报道北平、上海、南京等地的学生运动，称颂学生爱国行为，号召学生和中国大众结成全国救亡联合战线。

《大众生活》继承和发扬了《生活》周刊的优良传统，深受读者欢迎，但国民党当局却容不下《大众生活》的存在，下令查封，邹韬奋再次面临被捕的危险，被迫再次流亡。逃到香港的邹韬奋创办《生活日报》，终于实现了他多年来要办一张日报的心愿。邹韬奋在《生活日报》上大力宣传"枪口对外，团结御侮”，号召“全国一致对外”，积极宣传抗日民族统一战线。

无论境遇如何，邹韬奋始终奋斗在新闻出版一线，正如毛泽东所说：“热爱人民，真诚地为人民服务，鞠躬尽瘁，死而后已，这就是邹韬奋先生的精神，这就是他之所以感动人的地方。”1944 年 7 月 24 日，邹韬奋在上海病逝，享年 48 岁。弥留之际，他口述遗嘱，郑重提出加入中国共产党的申请。1944 年 9 月 28 日，中共中央追认邹韬奋为中国共产党正式党员。

邹韬奋以笔为剑求救国，用犀利之笔铸就丰碑。斯人虽逝，但他“竭诚为读者服务”的报人精神，不畏权势、勇讲真话，遭受挫折依然百折不挠和始终坚守信念的奋斗精神都是值得后人学习与继承。

04 田汉：为反抗压迫而战斗，为人间正义而讴歌

“起来，不愿做奴隶的人们……”这雄壮的国歌声每每响起，每一个中华儿女内心总能燃起热爱祖国的自豪之情。国歌歌词的创作者田汉，一寸丹心图报国，不断追求光明，不断奋斗创造，不断探索前行。

田汉

1898年，田汉出生在今湖南长沙的一户农家，父母为其取名“寿昌”。中学毕业后，田汉考入长沙师范学校。在校长徐

特立的无私帮助下，田汉的学识和见解很快就超过了同龄人。他在学校创办《祖鞭报》，以酣畅淋漓的笔调大议国事，抒发救国救民思想，备受瞩目。受家乡传统戏剧文化和家族传承的影响，田汉对戏剧的敏感超乎常人。长沙师范学校宽松的学术环境更是激发了他创作剧本的欲望。他曾创作《新教子》《新桃花扇》两个戏剧剧本，先后在《长沙日报》和上海《时报》副刊发表。

毕业后，田汉考入日本高等师范学校。在此期间，他阅读了大量的书籍。此时恰逢俄国革命和中国五四运动爆发，他开始积极关心并思考社会问题。他和张闻天、郭沫若等众多好友，在一起谈论世界大势，交流文学心得，一起创办文学团体。

在日本读书期间，田汉创作发表了《平民诗人惠特曼的百年祭》《诗人与劳动问题》等多篇有影响力的文章。他创作的剧本生动而深刻，其内容将现实主义与浪漫主义完美结合，宣传民主思想，鼓励人们勇敢地同旧社会抗争。

1922年，田汉回国。经好友推荐，他来到中华书局上海编辑部任职，归国后的文学政治生涯由此开启。他和妻子创办《南国》半月刊，产生较大影响。此后他又主持筹建南国艺术学院，培养出一大批文学、戏剧、音乐、绘画等方面的人才。

不仅如此，他还创作、翻译了大量的话剧作品，用现实主义的创作手法揭示旧社会悲剧的社会根源，同时表达出人民对美好未来的期盼和向往。

之后，田汉尽己所能投身抗日救亡运动，领导中国左翼戏剧家联盟开展工作。1930 年 4 月，田汉发表了著名的《我们的自己批判》，宣告了他社会思想和艺术主张乃至人生目标的“转向”。按照田汉的说法，“转向”就是“转换一个新的方向”，转向共产党领导的左翼文艺战线。他要清算“过去的南国”的“热情多于卓识，浪漫的倾向强于理性”的倾向，抛弃“雾笼罩得太深”的“小资产阶级底感伤的颓废”。

九一八事变发生后，他接连创作多部反日题材的话剧、电影剧本作品，并带领话剧、音乐工作者前往抗战一线进行慰问。1932 年，田汉加入中国共产党。他创作了大量的抗日救亡以及揭露反动派、帝国主义丑恶罪行的剧本，以此来唤起民众救国救亡的意识。

除了创作剧本，田汉还创作了《民族生存》《风云儿女》《毕业歌》《告别南洋》等一大批脍炙人口的电影和音乐作品。以此为代表的众多反映人民疾苦、宣扬抗日救国等符合时代潮流的革命电影、歌词在社会上广泛流传。

田汉为电影《风云儿女》写下的主题歌《义勇军进行曲》是中国音乐史上划时代的作品，反映了无数中华儿女的心声。斗争、反抗、自强，成为中华民族在生死存亡时刻迸发出的时代最强音。新中国成立后，《义勇军进行曲》被定为代国歌，1982 年被正式定为中华人民共和国国歌。

1937 年，抗日战争全面爆发，田汉服从组织安排，先后辗转多地开展文艺工作。在积极领导开展文艺工作的同时，他依然笔耕不辍，创作出大量的诗歌、话剧、电影和戏剧作品，生动展示了无产阶级开展伟大斗争的壮志豪情和中国人民齐心抗战的必胜信念。

新中国成立后，年过半百的田汉依然奋战在文化事业和戏剧艺术的第一线。一大批关乎国计民生、维护民族团结、反映社会问题的创作在他笔下诞生，影响深远。

这位“忠勇无畏的无产阶级的文化战士”，一生坦荡赤诚，倾其毕生精力，投身文化艺术事业，为中国人民的解放事业“而歌而哭而呐喊”。

05 蔡畅：妇女运动领袖，巾帼奋斗担当

“解放、独立、自由、平等……”这是对蔡畅毕生追求的概括。作为中国妇女运动的卓越领导者和中国共产党杰出的老一辈无产阶级革命家，她将毕生精力都投入到妇女运动当中，开辟了中国妇女解放的道路，改变了广大中国妇女的命运。

生于今湖南双峰的蔡畅，原名蔡咸熙，自幼便是个很有个性的女孩子，勇敢中总带着几分倔强。6 岁的时候，已经到了女孩子缠足裹脚的年纪，看着身边同龄的女孩双脚被束缚的样子，她的内心厌恶至极。她不愿意忍受强加在自己身上的疼痛，于是就拼了命地反抗，最后成功逃过了裹脚。

15 岁那年，她的父亲准备以 500 块大洋将她许配给一个地主做小媳妇，可她强烈反抗。蔡畅的母亲是一位极为开明、有思想的女性。在母亲的鼓励下，蔡畅愤然逃婚，用离家出走的行动来反抗买卖婚姻，并成功考取了周南女校的免费生，获得了独立和自由。摆脱束缚的她感到无比轻松、舒畅，从此她便将自己的名字“蔡咸熙”改为“蔡畅”。这两次和封建腐朽思

想抗争的成功实践，成为她后来“妇女解放需靠自己去斗争”思想的萌芽。

为了进一步追求妇女解放的真理，蔡畅和好友向警予发起了湖南女子留法勤工俭学运动，并带头赴法国勤工俭学。留法期间，学习生活条件艰苦，但蔡畅并没有放松自己的斗志。她一边学习专业知识，一边研读思考马克思主义经典著作，不断加深对马克思主义和俄国十月革命道路的理解，并在工作实践中不断提高自己的思想境界和业务水平。

1923 年，蔡畅加入中国共产党旅欧支部。也就是从这个时候，蔡畅开始把共产主义信仰的实践和妇女解放事业连在一起。1924 年和 1938 年蔡畅两次受党指派前去苏联学习考察，这使她更加坚信中国妇女若想求得彻底解放，只有团结起来，积极参加革命运动。蔡畅从追求妇女个体的解放到主张通过革命推进妇女解放事业，找到了妇女解放的正确道路，成为我国妇女解放运动的先驱。

蔡畅认为，“妇女解放”不能只强调“男女平等”“婚姻自由”，经济不独立是妇女受压迫的真正根源，而经济独立又必须通过参加社会劳动来实现。因此，在领导妇女运动的各个时期，她始终坚持“以生产为中心”的方针。

第二次国内革命战争时期，江西革命根据地的大部分青壮年男子都参加红军上了前线，致使后方生产压力大，只能依靠留守的妇女来承担。但在当地有一种迷信说法——“妇女犁田耙地，要遭雷劈”——给参加生产劳动的妇女带来很大精神压力。于是蔡畅带头开展生产劳动，扛锄下田，犁田耙地，用实际行动打破了封建迷信的禁锢。一时间，苏区掀起一阵妇女参加生产劳动的高潮。那一年，根据地农业生产大丰收，有力地支援了革命斗争，也为妇女赢得了尊重。

在妇女教育方面，国民革命时期，蔡畅主持过妇女运动讲习所；土地革命时期，她又开办过女子夜校、妇女干部轮训班等；抗日战争时期，她还大力提倡开办妇女干部学校。1940 年的中国女子大学就是一个专门培养优秀妇女骨干的学校，学员像火种一样撒遍全国各地。

早年赴法赴苏的经历，使蔡畅具备了国际眼光，这为她带领中国妇女走向国际舞台奠定了基础。1947 年 2 月，蔡畅代表解放区妇女参加了国际妇联第一次理事会议，在会上做了专题报告，首次向世界介绍了中国妇女运动的现状。

1948 年 11 月，蔡畅率团参加第二次世界妇女代表大会，并当选为国际民主妇女联合会副主席，极大地促进了中国妇女与世界妇女之间的交流，打开了中国妇女的国际视野，使中国妇女运动融入世界妇女运动，走上了更为广阔的国际舞台，为国际进步妇女运动做出了重要贡献。

作为人民心中尊敬和爱戴的“蔡大姐”，蔡畅用她的一生，诠释了伟大女性的内涵，推动了中国妇女解放的前进历程，成为妇女解放运动的一面红色旗帜。

06 李求实：以笔为刀的开路先锋

“……不是年青的为年老的写记念，而在这三十年中，却使我目睹许多青年的血，层层淤积起来……”鲁迅先生这篇著名的《为了忘却的记念》，是为纪念“左联”五烈士而写。时任团中央宣传部部长的李求实便是“左联”五烈士之一。

李求实

李求实，原名李国玮，笔名李伟森，1903年出生于今湖北武昌。家境清贫，父亲是晚清秀才，以教书为生，家中生母及兄妹几人先后遭遇不幸。幼年时不幸的经历和生活的艰苦，在李求实心里烙下深深的刻痕。小学毕业后，李求实考入武昌高等商业专科学校。

在校期间，李求实深受新文化运动的影响。五四运动爆发后，他和身边的同学好友一起投身到反帝反封建的斗争中，发传单，办书社，演讲游行，积极参与学生运动。

1920 年，李求实与利群书社几位同学随恽代英前往宣城第四师范学校，帮助恽代英开展各项工作。其间，他和一些思想积极的同学共同组建了多个进步小团体，传播马克思主义等新思想。后来，恽代英带领李求实等人辗转多地开展基层调研。经受社会实践的磨炼后，李求实意识到以前所做的种种努力根本无法撼动军阀地主的统治地位，更无法改变社会面貌。在恽代英的倡议下，李求实等 20 余名青年商讨发起“共存社”，其世界观进一步向马克思主义转变。

1922 年，在恽代英的介绍下，李求实加入中国共产党。这年秋天，李求实回到武汉，参加中共武汉区委的工作，负责编辑《日日新闻》，报道工人运动的情况，并以新闻记者的身份先后多次参加社会活动，留下众多珍贵文字。1923 年 4 月，李求实被派往安源担任安源共青团地委宣传科科长，下基层，做调查，写材料，做演讲，其演讲在群众中间引发强烈反响。他还主编《安源月刊》，担任安源路矿工人俱乐部的文书股股长，各项工作都做得有声有色。

中国社会主义青年团第二次全国代表大会召开时，李求实前往南京出席了会议，并当选为团中央候补委员。不久，即被调往上海团中央工作，负责《中国青年》杂志的编辑工作，撰写了大量的文章，其犀利的笔触、深刻的剖析对当时的青年产生了深刻影响，更有不少青年因此积极投身到爱国主义斗争。

1926年8月，李求实前往广州，担任两广团委宣传部部长，9月创办并主编《少年先锋》，以大量的篇幅来呈现青年运动、学生运动及工人、农民运动，在推动青年思想教育和唤起民众意识觉醒方面发挥了重要作用，成为第一次国内革命战争时期最受欢迎的革命刊物之一。

四一二反革命政变后，李求实由湖南被调往武汉，并出席了中国共产主义青年团第四次全国代表大会，当选为团中央委员兼宣传部部长。但此时，国内革命形势急转直下，大革命失败后，李求实随团中央撤往上海，并积极从事革命文学和出版工作，运用文学武器抨击敌人、教化人民，创作发表了大量有影响力的进步文章和诗歌。

1929年，担任共青团中央宣传部部长的李求实主编上海地区党的机关报——《上海报》。他和众多编辑记者在革命斗争形势异常严峻的状况下，克服重重困难，坚持采写出刊，受到工农群众的拥护。他先后编译出版了《俄国革命画史》《动荡中的新俄农村》《〈上海报〉周年纪念册》等多部著作。

中国左翼作家联盟成立后，李求实参加领导工作，并一再强调左翼作家要深入基层、贴近群众，要走到乡村、工厂倾听苦难群众心底的呼声，唤起民众的意识，呼吁大家积极展开斗争。后来，李求实又参与到党中央机关报《红旗日报》的编辑工作中，负责工农通讯工作。

1931年，因叛徒出卖，李求实与胡也频、柔石等数位党的领导干部和革命群众被国民党反动派逮捕。性命攸关之际，李求实依旧在维护党的尊严，保守党的秘密。最终，李求实等人被判处死刑，为党和人民献出了自己年轻的生命。

07 廖承志：以一颗豁达乐观之心不断奋斗

他出身名门，父母均是国民党元老，却在中国革命低潮时选择了中国共产党；他曾多次被捕入狱，却每次都奇迹般生还；他经历苦难无数，却一生乐观，为中国革命，为世界和平事业，为中日邦交做出巨大贡献。他就是晚年被尊称为“廖公”的廖承志。

廖承志

廖承志的一生极具传奇性。1908年9月，廖承志生于日本东京。出生时，父母希望他能够继承革命先辈的志向，为中国的独立自由而奋斗，因而给他起名“承志”。

1924年8月，廖承志加入了中国国民党。青少年时期，他跟随父母为革命奔走，广州、上海和东京都留下了他的奋斗足迹。

一天深夜，17 岁的廖承志正在东京的一所民居里学习德文。突然，一阵猛烈的敲门声划破了深夜的宁静，一群日本警察闯了进来。一通搜查过后，他和姐姐被押上了警车。他知道，姐姐在搞学生运动，心里大概明白了怎么回事。他被关进了东京赤坂拘留所的一间小黑屋，第一次体会到了父母常说的“拘捕”。

第二天一早，廖承志就被带进了审讯室。“是不是共产党？”“都跟什么人来往？”面对警员的轮番盘问，这个 17 岁的少年无所畏惧，一一回答，毫无破绽。一个月后，因证据不足，廖承志被释放，姐姐廖梦醒被驱逐回中国。在拘留所里，廖承志遭受了有生以来的第一次毒打。这一次，使得他走向了成熟。

不久，廖承志就迎来了人生的重大转折。1927 年，蒋介石发动四一二反革命政变，廖承志愤而脱离中国国民党，他进入早稻田大学学习，这里也是其父廖仲恺读书的地方。在这里，他开始接触马列主义，并参加了由中国共产党东京支部组织的“社会科学研究所”。很快，他因参加社会活动太多，再加上有坐牢的前科，被学校开除了。1928 年 5 月，济南惨案爆发，消息很快传到日本，他又因为参加声讨日本帝国主义的运动，再次被拘捕，释放后被驱逐出境。

1928 年 8 月，廖承志加入了中国共产党。不久，在母亲何香凝的帮助下，廖承志到了德国。刚成为中共党员的廖承志被委以重任，担任了德国国际海员工会执行委员。他办画报、办期刊，积极给中国海员争取合法权益。1931 年初，他到荷兰鹿特丹，领导中国海员工作。刚到不久，就被人告发，被关进了鹿特丹警察拘留所。出来后，他回到德国，继续为中国海员争取同工同酬等权益不断努力。

1932 年，廖承志回到了上海。因为他的身份，国民党非常记恨他。1933 年 3 月，他被国民党逮捕。出狱后不久，廖承志不得不离开上海，在周恩来的举荐下，化名何柳华，到了川陕苏区。然而廖承志却被当作蒋介石派来的特务，关进了大牢。

在一年多的时间里，廖承志在大牢里一点也没有闲着。他设计钞票，写文章，还担任红色中华通讯社外事翻译。即使被扣上“反革命分子”的帽子，被开除党籍，他都没有自暴自弃。

1936 年冬，经周恩来同志解救，廖承志终于恢复人身自由，并很快恢复党籍。虽然离开了红四方面军，但他仍继续为革命奔波，组织为抗日募捐等活动。1942 年，廖承志因将抗日捐款秘密转入延安，又一次惹恼了蒋介石。蒋介石将他关押进了马家洲集中营。集中营里的日子很苦，但在与世隔绝的环境中，廖承志能苦中作乐，早晨唱歌，饭后读书、作画，一过就是三年。在这期间，无数人来找他谈话，做他思想工作但他的意志从未动摇。他在给周总理的秘密信件中说：“希望你相信，小廖到死没有辱没光荣的传统……中国共产党万岁。”

廖承志前后 7 次被捕，平均每周都有一天是在牢里度过的。然而，他却始终以乐观的态度面对各种困难与折磨。

大革命时期，廖承志投身革命宣传工作，办杂志，创期刊，为党报、党刊做了大量工作。解放战争时期，他又任新华通讯社社长，为新华社的建设做出了积极的贡献。新中国成立后，虽然他曾因“复杂的海外关系”被批斗，但他却借助这些资源，致力于祖国的统一事业，为两岸统一而奔波，为港澳回归殚精竭虑。

1983 年 6 月 10 日，廖承志因病在北京逝世。他是中国无产阶级革命家、杰出的国际和平战士，为民族独立、人民解放和国家富强不断努力。

他的一生是传奇的一生，是为革命战斗的一生，是为党和人民不断奋斗的一生。

08 范长江：手无寸铁兵百万，力举千钧纸一张

在今天的中国，一名新闻工作者能获得一次“长江韬奋奖”，是一件其职业生涯中值得骄傲的事情。“长江韬奋奖”是中国新闻界的最高奖项，这里的“长江”指的是范长江，“韬奋”指的是邹韬奋。

范长江是我国最优秀的记者之一，也是新中国新闻事业的奠基人和开拓者之一。他原名范希天，1909年出生于今四川内江的一个没落地主家庭。家道中落和少年时期的艰难给范长江的成长留下了深刻影响，青少年时期的范长江便受到民主革命思想的熏陶，投入到了国民革命中。

20世纪30年代，中国的社会局势剧烈动荡，范长江心系家国，不断为时代呐喊，为正义发声。1935年，26岁的范长江作为《大公报》的特约通讯员，从成都出发，一路北上采访，历经10个月，奔波了6000多千米，途经48个县市。四川、甘肃、陕西、内蒙古等地都留下了他的足迹。他深入实地调查了解了抗战大后方的西北地区的历史和现状，撰写的旅行通讯陆续在

《大公报》上发表，客观地反映了西北人民的困苦生活，揭露了国民党的黑暗统治和日本帝国主义的侵略野心。他还向世界报道了红军的长征，字里行间倾注了对红军的敬佩之情。范长江的报道很快引起了全国的关注，这些文章在《大公报》发表之后，又汇集成了《中国的西北角》一书，短短几个月，连印七版，促使越来越多的读者深刻思考国家和民族的命运，范长江也因此成为闻名全国的新闻记者。

1936年12月，西安事变爆发。为了弄清事实真相，范长江突破重重阻力，到达了事变中心——西安。又通过周恩来介绍，前往延安进行采访。1937年2月9日晚，范长江同毛泽东在窑洞里进行了彻夜长谈。此次长谈，让范长江对中国革命及中共抗日民族统一战线的方针政策有了深刻的认识，自此，范长江开始树立起共产主义信仰。范长江根据在陕北的见闻，写了《动荡中之西北大局》一文，发表在《大公报》上，披露了西安事变的真相，宣传了中国共产党的抗日民族统一战线的主张，“十年来第一次打破了国民党的新闻封锁局面”。一鼓作气，范长江紧接着在《大公报》上发表了一系列通讯文章，在这些文章中，许多人第一次真正了解了伟大的中国共产党，看到了中华民族的希望。

报道过程中，范长江看清了中国的未来，也明确了自己作为记者的使命。1937年11月8日，在周恩来领导下，范长江、夏衍等人，将爱国新闻工作者团结起来，在上海成立“中国新闻记者协会”。上海沦陷后，该组织迁往武汉，更名为“中国青年记者学会”。这一组织成为抗日战争时期和解放战争初期著名的全国性新闻记者组织。这就是今天中国记协的前身。11月8日这一天也成为中国的记者节。

1939年5月，在周恩来介绍下，范长江加入中国共产党，并逐步成长为一名优秀的无产阶级新闻工作者。抗战胜利后，中共中央和平谈判代表团飞往南京，范长江担任代表团新闻处处长，代表中国共产党对外发言，成为中国共产党宣传和平理念的窗口。

1949年1月31日，北平解放，时任新华总社总编辑的范长江带领第一批“新闻兵”进入北平，组建北平解放后的第一张党报——《人民日报》(北平版)，范长江成为新中国新闻事业的开拓者和奠基人。

“手无寸铁兵百万，力举千钧纸一张。”这本是范长江形容鲁迅先生的诗句，今天常被各界人士用来形容范长江本人。在前线，他是活跃在各个战区的战地记者，亲历最前线采访；在后方，他部署报道战略，培养新闻人才，提出“新闻事业要全心全意为人民服务”。范长江始终奋斗在战斗的最前沿，履行着一名新闻人的职责，也践行着一名共产党员的初心和使命。

09 “抗大”师生：十年艰苦办学，谱写奋斗赞歌

这里是中国革命的圣地，也是中国共产党人的精神家园，是中国共产党浴火重生的地方。这里是陕北，这里是延安。

1935 年 10 月 19 日，中央红军历经千难万苦，在两万五千里的漫漫征途后，终于取得长征的胜利，在陕北落脚。1948 年 3 月 23 日，党中央离开陕北，东渡黄河，前往河北省的西柏坡。13 年间，中国共产党在这片土地上坚定信念、艰苦奋斗，留下了无数感人事迹。中国人民抗日军事政治大学（简称“抗大”）师生的奋斗事迹就是其中重要的一页。

中国人民抗日军事政治大学，是在抗日战争时期，由中国共产党创办的一所专门培养抗日军事政治干部的学校，其前身是西北抗日红军大学（简称“红大”）。1936 年 6 月 1 日，西北抗日红军大学在陕北的瓦窑堡正式开学，后于 1937 年 1 月 20 日，改名为中国人民抗日军事政治大学。毛泽东为其制定了“坚定正确的政治方向，艰苦朴素的工作作风，灵活机动的战略战术”的教育方针。

1936年6月，学校刚刚建成不久，国民党就突袭了瓦窑堡。“红大”不得不随中央机关转移到保安。保安是个穷山窝，那里土地贫瘠、交通不便，加上连年军阀混战，群众生活苦不堪言。“红大”刚转移到保安时，满眼所见，都是破烂的窑洞、马厩和羊圈，遍地杂草乱石、牛屎马粪。

想在这里建设新的校舍，困难可想而知。但是，这所学校的师生并没有被眼前的情景吓倒，他们迎难而上，发扬艰苦奋斗的优良传统，不论年龄大小、职位高低，人人动手，除杂草、填土坑、垒石墙、砌石凳、清理牛粪马粪。牛栏马厩变干净了，垒上石头，挂上草编的帘子，他们便把这里变成了一间讲堂。破烂的窑洞，添上石头讲台和石凳，一间间石教室就建成了。晴天的时候，同学们在大树底下上课；下雨天，就搬进石洞。有一次，毛泽东来讲课的时候，诙谐地说：“你们是过着石器时代的生活，学习当代最先进的科学。”

后来，“红大”又由保安迁往延安，改名为“抗大”。虽叫大学，但却连一间像样的教室都没有。好在延安有得天独厚的条件，只要挖个洞，就能住人，还冬暖夏凉。于是，抗大师生就自己动手，挖起窑洞。

抗大的挖洞队伍浩浩荡荡地来到凤凰山麓，学员中有很多都是经历过长征的红军干部，其中很多都负过伤，好在他们依然冲锋在前。力气大的争着挑土，腿脚不好的就抢着挖土。很多初来的学员，手不能提，肩不能扛，但是在红军干部的带动下，毅然加入了劳动者的队伍，还慢慢地学会了打烟囱、垒土炕、粉刷墙壁等手艺。半个多月里，抗大师生挖出了 175 孔窑洞。他们还修了一条 3000 多米长的盘山公路——抗大路。一到晚上，窑洞里透出的灯光从凤凰山的山顶一直延续到山脚。很多到延安访问的国际友人都称赞这是前所未有的“窑洞大学”。

1939 年到 1943 年，抗日根据地受到敌人的封锁，抗大的师生们也遭遇了前所未有的困难。没有粮食，他们甚至开始挖野菜、吃树皮，但他们知道这不是长久之计，为了打破敌人的封锁，从根本上解决生活困难，实现自给自足，他们决定开展大生产运动。1939 年春天，抗大师生开始就地开荒，全校 5000 多名老师和学员一起，你追我赶，开完这片开那片。他们一边开荒种植，一边学习。

学校还给每个人发了一辆纺车，开展纺线运动。陕北盛产羊毛，大家便就地取材，学会了捻羊毛线、织毛衣、做手套。抗大师生实现了丰衣足食。

抗大师生面临的困难来自方方面面。没有纸，他们就在地上写字、做演算；没有笔，就用树枝当笔。在恶劣的条件下，他们始终发扬着艰苦朴素的优良作风，不畏苦难、迎难而上。

1945 年 8 月，抗日战争取得了伟大胜利，抗大也完成了她的历史使命。抗大始终坚持正确的政治方向，发扬艰苦奋斗的优良作风，十年艰苦办学，为我党我军培养了 10 多万名优秀的军政干部，为取得抗日战争和解放战争的胜利做出了不可磨灭的贡献。

10 三五九旅：到最艰苦的地方去奋斗

“花篮的花儿香，听我来唱一唱，唱一呀唱……”许多人了解三五九旅，都是从这首民歌《南泥湾》开始的。人们从歌词中知道了这支“能战斗，能生产”的英雄部队。

三五九旅雕像

三五九旅是抗日战争时期八路军一二〇师的主力部队之一，成立于1937年，其前身是土地革命时期中国工农红军三大主力之一的红六军团。解放战争时期，其改编为中国人民解放军第一野战军一兵团第二军步兵五师。“生在井冈山，长在南泥湾，转战数万里，屯垦在天山”，这是对三五九旅这支英雄部队成长历程最形象的概括。

1939年，为进一步保障中共中央所在地陕甘宁边区的安全，三五九旅被调回边区。回师边区的两年多时间里，三五九旅进行了数十次战斗，粉碎了日军强渡黄河的企图，反击了国民党反动派的挑衅，保证了边区的安全。

曾任三五九旅旅长的王震将军说过：“我这个人的革命生涯，就是从南泥湾开荒，到全国农垦，还是开荒。”1941年，皖南事变后，国民党设置五道封锁线，切断陕甘宁边区同外界的所有联系。三五九旅被调往南泥湾，守卫延安南大门，“一把镢头一支枪，生产自给保卫党中央”。

彼时，南泥湾方圆几十里内荒无人烟，战士们不仅要随时准备战斗，还要开荒生产。没有房子住，他们就用杂草和树枝搭窝棚；粮食不够吃，他们就到100多里地外去背粮；没有衣服穿，他们就光着膀子……经过两年多的艰苦奋斗，三五九旅的战士们用自己的汗水和双手把布满荆棘的荒山野岭变成了“到处是庄稼。遍地是牛羊”的“陕北好江南”。

新中国成立前夕，新疆尚未获得解放，王震主动请缨率三五九旅挺进新疆。他说：“我要求到最艰苦的地方去，到一切需要去的边疆去，到新疆去！那里需要解放，那里需要开发，那里需要经济发展。”1949 年 9 月，三五九旅从西安出发，一路风餐露宿，翻越祁连雪山，直插张掖，解放酒泉，直逼新疆，促成新疆和平解放。

三五九旅的战士们，前半生为解放大西北出生入死、浴血奋战，后半生为开发新疆鞠躬尽瘁、死而后已。1953 年 6 月，奉毛泽东主席令，三五九旅在塔里木盆地集体整编为新疆军区农业建设第一师，后归入新疆生产建设兵团建制。在这场没有硝烟的“战场”上，数千名官兵脱下军装，投入垦荒生产一线，用双肩担负起建设边疆的使命。

开荒建设不是儿戏，更没有诗情画意，早在延安时期就名扬天下的三五九旅面对的是一场硬仗。在屯垦最困难的时候，战士们为了节约粮食，把一日三餐改成了一日两餐，尽管如此，他们仍然要保持一天劳动十五六个小时的节奏。在那段激情燃烧的艰苦岁月里，来自祖国四面八方的知识青年来到新疆，加入屯垦戍边的队伍，成为建设兵团的一员。在一代代“兵团人”的艰苦努力下，在三五九旅艰苦奋斗精神的影响下，亘古不变的荒原变成了耀眼的绿洲。

三五九旅是大生产运动的楷模，不论是在战乱时候，还是在和平年代，三五九旅常常主动要求到偏远地区、贫困山区进行战斗。不管条件如何艰苦、环境如何恶劣，他们始终保持着对党和人民事业的无限热爱，为社会主义建设立下了汗马功劳，他们默默无闻、自力更生、勇挑重担，成为艰苦奋斗精神的鲜活见证。

11 马耀南三兄弟：一马三司令，抗日留英名

“一马三司令，得了抗日病。专打日本鬼，保护老百姓。”这首歌谣曾在齐鲁大地上广为流传。歌谣中的“一马三司令”说的是八路军山东纵队第三支队司令员马耀南、马晓云和马天民三兄弟。

三兄弟出生在今山东淄博一个比较富裕的农民家庭。从小兄弟三人衣食无忧，生活条件优越。

大哥马耀南是第一个从家乡走出去的。18 岁时，马耀南考上了省城的省立第一中学。在济南，他结识了王尽美、邓恩铭等人，并参加了他们组织领导的革命团体。当时的马耀南开始接触马克思主义，并为后来他思想的转变产生了巨大影响。

1924 年，马耀南考入了天津北洋大学，毕业不久，就被南通纺织工学院聘为教授。早在读书期间，他深受孙中山“三民”主义的影响，加入了国民党组织。在国共合作形势下，他积极参加地下革命活动，投身到反帝爱国运动中。然而四一二反革命政变给他带来沉重一击。他深刻反思，重新寻找救亡图

存的道路。后来，受家乡的邀请，他毅然回到家乡，在长山中学当了校长。前三十年的经历让马耀南对教育有诸多思考，当了校长后，他怀着“教育救国”的理想，对学校进行改革，成果显著。

没过几年，七七事变爆发。马耀南第一时间投身到抗日行动中，他把抗战救国的思想搬到课堂上，并动员两个弟弟马晓云、马天民一起抗日。他说：“我们不能当亡国奴。我们应当组织民众拿起武器，和日本鬼子血战到底。”

为了尽快组织抗日武装，马耀南在长山中学秘密组织了抗日游击培训班。中共山东省委将长山中学作为重要据点，并陆续派遣姚仲明、赵明新等骨干到长山中学给大家讲课。在这里，他们联合当地民众成立了党小组，这是长山历史上第一个党的组织。

正在大家的抗日运动进行得如火如荼的时候，1937 年 12 月，日军空袭了长山地区。马耀南拒绝国民党下达的南迁命令，第一时间带领全校师生奔赴黑铁山，举行武装起义。就这样，一群热血青年投笔从戎，组成了一支抗日队伍。他们中年龄小的只有 13 岁，大的也就 20 多岁。这就是著名的山东人民抗日救国军第五军。

从小家境优渥的马耀南本可以选择安心生活，他却选择了最难的抗日之路。为了给武装起义筹款，马耀南回家筹钱，家人倾其所有，把五百块大洋交到马耀南手里。马耀南将父母妻儿改名换姓送走后，又出发了。这一次，他的两个弟弟马晓云、马天民也跟着哥哥走向了抗日之路。

1938 年，日军占领长山县城。这支由马耀南领导的“少年军”夜袭长山城，先后取得了小清河伏击战、三官庙战斗的胜利。马耀南领导的第五军名气越来越大，很多周边的抗日力量也加入进来，不到半年，人数就超过了五千人。之后，第五军改编为八路军山东纵队第三支队，马耀南任司令员。同年 10 月，马耀南光荣地加入中国共产党。

1939 年 7 月的一天，在一次与日寇的斗争中，马耀南身负重伤，因流血过多壮烈牺牲，年仅 37 岁。就在马耀南牺牲后不久，10 月的一天，马天民奉命筹集物资，因叛徒出卖，部队被敌人包围，他在率部队突围时被日军俘虏杀害，年仅 28 岁。敌人极其残暴，竟将马天民的头颅悬挂在长山城的旗杆上示众。

得知哥哥和弟弟牺牲的消息，马晓云悲痛万分。为了保护抗日力量，中共山东省委决定让马晓云赴延安学习。从延安回来后，马晓云继续沿着哥哥和弟弟的脚步，走在抗日救国的道路上。他先后担任过清西军分区副司令员、渤海军区第六军分区副司令员。1944 年 8 月，马晓云在青城王家庄战斗中不幸中弹，壮烈牺牲。

时至今日，在齐鲁大地，马氏三兄弟的爱国义举仍在传颂。

12 晏福生、左齐、彭清云：半生独臂，一生奋斗

在众多中国人民解放军开国将军中，有 12 位独臂将军。在这 12 位将军中，有 3 位经历颇为相似。都经历过长征，都是从三五九旅走出来的，都因战争失去了右臂。他们分别是晏福生、左齐和彭清云。

左起：彭清云、左齐、晏福生

晏福生的右臂是在长征途中失去的。一次，红二方面军走出草地，正准备向下一站进发，却遇上了国民党军队。晏福生指挥红十六师与国民党军队展开激战，掩护主力部队转移。主力部队顺利转移之后，正准备撤退时，晏福生的右臂被国民党的飞机炸伤。为了不连累大部队，他将随身的密码本交给警卫员后纵身滚下了陡坡。晏福生与队伍走散了，大家都以为他牺牲了。晏福生拖着一条溃烂的手臂，克服艰难险阻，终于找到了队伍，他的右臂却因为错过了治疗时间，不得不截掉。

左齐和彭清云都是在伏击日军的时候失去的，并且都是白求恩大夫做的截肢手术。

1938 年 11 月初，刚刚晋升为八路军三五九旅七一七团参谋长的左齐，奉命消灭日军的运输大队。他带领战士们在公路上设下埋伏，等待敌人的到来。11 月份的天气奇冷无比，他们在冰天雪地里坚守了两天，终于在第三天早晨等来了敌人的运输车队。在与敌人激战中，左齐的右肩臂被子弹打中。医护人员迅速用止血带给他止血，但因捆得太紧，导致右臂长时间缺血坏死了。正巧白求恩大夫到了部队，他为左齐做了仔细检查，认为要想保住左齐的性命，就要做截肢手术。他耐心地对左齐说：“目前重要的是治好伤，有好的身体才是革命的宝贵财富……一只臂膀照样打鬼子。你看晏福生政委不是打仗、工作样样出色吗？”虽然心里难受，但左齐还是听从了白求恩的建议，连夜做了截肢手术。在战友们的鼓励下，当时还不到 27 岁的左齐开始慢慢学着用左手做事。凭借着顽强的意志，他逐渐学会了用左手生活，穿衣、吃饭、骑马、打枪，样样没落下，甚至还学会了用左手写字。

彭清云失去右臂时才刚刚21岁。1938年10月，彭清云所在的部队奉命在邵家庄伏击敌人。他是团里的神枪手，战斗过程中，他一下子就用三八大盖击中了日军指挥官。胜利后，他们缴获了大量武器弹药。就在战士们高高兴兴搬运战利品时，敌人的增援部队来了。彭清云在掩护部队撤退时，右肘被敌人的子弹打穿了，被立即送到卫生部进行抢救。卫生部条件简陋，又加上缺少必要的药物，几次手术后，彭清云的伤势非但没有好转，反而日趋恶化，危及生命。情急之下，王震旅长急忙向白求恩大夫求救。为保住彭清云的性命，白求恩决定给他截肢。失去右臂的彭清云非常乐观，他说："我失去一只不是还有另一只吗？那些牺牲了的战友，还有什么呢？"

虽然失去用来穿衣吃饭、打仗的右手，对他们的打击很大，但他们并没有自暴自弃，而是通过自己的努力，克服困难，用左臂为党和人民继续奋斗。

在南泥湾大生产运动时，晏福生作为三五九旅七一七团的政委，以身作则，随身携带着一把小锄头，走到哪干到哪。因为七一七团的大生产成果显著，晏福生还被推选为生产英雄。新中国成立后，晏福生先后在湖南军区、广州军区任职。

左齐归队后，也积极参加了南泥湾大生产运动，作为七一八团的政委，领导部队开荒，表现出的吃苦精神受到毛泽东等领导人的表扬。新中国成立后，左齐在新疆工作了20年，为新疆的发展做出了巨大贡献，后来被调至济南军区。

彭清云伤愈后，又投入到新的战斗中。解放战争时期，他参加了辽沈、平津等战役；朝鲜战争爆发后，他作为师政委参加了抗美援朝战争。回国后，他进入了解放军政治学院任教，后来，又调到总参谋部。“半生独臂、以身许国”是彭清云一生的写照。

作为共产党员，作为军人，他们顽强拼搏，不畏困难。他们虽然只有一只手臂，却在自己的岗位上为党和人民的事业奋斗了一生。

13 钱志道：一切从零开始的工程师

1937年，抗日战争全面爆发，陕甘宁边区成为中共中央和八路军总部的所在地。边区地瘠民贫，军事和经济又受到了国民党政府及其军队的严密封锁，工业品和日用品供应均非常紧张。但到了1944年，不少工业品和日用品实现了自给，这跟一个人密切相关，这个人就是军委兵工三厂厂长、总工程师——钱志道。

钱志道，1910年出生于今浙江绍兴，长大后考入浙江大学化学系。他在浙江大学求学时，正值日本侵华时期。于是他决定用“军事工业救国”，从此致力于军火化工的研究。

1935年，他毕业留校，生活还算惬意，但他并未放弃军事工业救国的念头。他毅然投笔从戎，先后在南京中央化学研究所、太原理化研究所工作，积极从事防毒面具的研制工作，以对抗日军的化学毒剂。虽然并没有获得预想的成效，但这是他献身军工产品研究的开始。

1938年初，日军逼近太原，钱志道失业了。失业后，他暗地里接触了不少与共产党有关的著作，美国记者埃德加·斯诺的《西行漫记》对他影响颇深，中国共产党在他的脑海里留下了深刻的印象。有一次，钱志道看到《新华日报》刊登了一则八路军为防毒募捐的消息，立即给毛泽东主席写信自荐。1938 年 5 月，钱志道到延安参加了革命，开启了为我党、我军奋斗的历程。

钱志道到达延安后，发现边区经济落后，毫无工业基础，一切都要从零开始，他决心把自己所学到的科学知识用到亟待发展的化学工业上。军工局决定建立化学厂，任命钱志道为化学厂总工程师，负责到茶坊筹建火药、炸药工厂。

当时，建厂的首要困难就是缺乏机器设备，钱志道只能通过查阅资料，不断学习和摸索。后来，中央组织部从抗大、陕北公学调来一些年轻人，帮助钱志道建厂，但他们没有一点制造火药的经验。为了让大家尽快掌握基本知识，钱志道只能一边自己做，一边讲给大家听。

在培养工人的同时，他开始着手准备制造军火。没有铁，他就骑着毛驴，拿着罗盘，在边区找铁矿；炼铁缺耐火材料，他就用各种黏土一遍遍尝试。就是在这样艰苦的条件下，钱志道跟工人们一起，克服种种困难，先后试制出了手榴弹、拉火药等。

后来，他又受命筹建紫芳沟化学厂。他发扬艰苦奋斗的作风，边学习，边研究，边实践，在无任何经验可循的情况下，白手起家，终于设计出了符合边区条件的生产工艺和流程。

1940 年前后，陕甘宁边区遭受了国民党的严密封锁。建设军火化工厂，不能缺了材料和设备。钱志道和战友们冒着生命危险，穿过敌人的一道道封锁，到西安去采购。仅仅用了一年时间，一座军工化学厂就在黄土高原上拔地而起，生产技术在当时的国内也算得上先进。

紫芳沟化学厂建成后，开始生产各种军工原材料。生产火药、炸药是一项非常危险的工作，尤其是在当时如此简陋的条件下。硝化甘油的生产更是异常艰难，稍有不慎，就会发生爆炸，但同志们不畏牺牲，想尽各种办法弄了起来。为了防止爆炸，他们把生产硝化甘油的设备搬到离工厂几百米的地方，还垒砌了防火土墙。经过一次次的试验，钱志道他们终于成功了。通过他们调整了材料比例制作出来的枪弹威力大大提高。

紫芳沟化学厂除了生产军用产品，还会生产一些稀缺的民用产品，比如在敌人的封锁圈里尤其珍贵的火柴、钞票纸等。

钱志道在陕甘宁边区取得了优异的成绩，是理论与实际相结合的模范。他为边区基本化学工业奠定了基础。

1944 年 5 月，钱志道被评为“特等劳动英雄”，受到了毛主席的接见。毛主席给他的亲笔题词是“热心创造”。1946 年，根据战争需要，钱志道奉命奔赴东北建设新的军事工业，踏上了为军工事业奋斗的新征程。

艰苦出人才。正是在延安困难时期，一批批钱志道式的英雄人物不断创新，艰苦奋斗，克服重重困难，实现了一次又一次“从零开始”的突破。

14 李四光：攀科学高峰，研地质之学

“我们不但需要掌握地质学各部门最先进的理论，而且还必须经常总结自己的实际经验，从而把指导我们工作的主导思想提高到更高的理论水平。”这是卓越的地质科学家李四光时常勉励地质同行的话。

李四光

李四光一生写下了数百万字的科学论著，创立了地质力学，提出了构造体系新概念。他还运用地质力学理论和方法，在指导煤田预测、寻找金属矿藏等方面做出了卓越贡献。他建立了中国第四纪冰川学，提出了关于古生物化石的分类标准与鉴定方法等诸多影响深远的科研方法和成果，在中国科学技术史上竖起了一块丰碑。

李四光出生于今湖北黄冈一个贫苦农家，自幼刻苦读书，勤奋学习。因他学习成绩优异，于1904年被保送到日本大阪高等工业学校学习造船机械。其间加入孙中山领导的同盟会，并参加辛亥革命。辛亥革命失败后，李四光赴英国留学，主修地质学专业。1920年，从英国留学归来的李四光在北京大学地质系任教。从此，李四光踏遍了辽阔祖国的山山水水，采集了各种地质标本，开展了艰苦卓绝的野外考察和科学研究工作。

1921年，在研究中国华北地区石炭二叠纪地层时，李四光找到了一种纺锤形古生物化石。在对其演变过程进行仔细研究后，李四光渐渐确定一个事实：在我国东部的石炭二叠纪地层中，北方以陆相沉积地层为主，而南方以海相沉积地层为主。而这反映的是海水从地球两极到赤道反复进退的现象。发生这种现象的原因，李四光认为与地球自转速率的变化密切相关。带着这样的认识，地质力学的雏形开始在李四光的脑海中萌芽。

在之后的科研中，李四光开始留意寻找区域性构造现象间的相互关系。例如欧亚大陆上造型奇异的乌拉尔山脉，东西两侧地势平坦，南部边缘则被构造奇特复杂的弧形山脉包围。多年以后，李四光回忆说，那时其实已经找到了三大构造体系里典型的山字形构造。

1941 年在厦门大学演讲时，李四光首次提出“地质力学”的想法。1945 年李四光出版专著《地质力学的基础与方法》，在书中他正式提出“地质力学”的概念。

20 世纪 50 年代，我国石油资源紧缺。当时我国的石油普查工作仅仅局限在西北地区，进展缓慢，且没有发现大油田。李四光从新华夏构造体系的观点出发，运用地质力学理论分析了我国的地质条件，认为在我国幅员辽阔的国土上，石油资源的蕴藏量是极为丰富的。在此基础上，李四光指导了全国石油地质普查的战略选区工作，对我国东部油田的发现做出了重大贡献。不仅如此，他还先后利用地质力学理论指导了我国煤炭、金属矿产、地热等资源的开发勘探，硕果累累。

1962 年，首期地质力学进修班在地质力学所开办，来自全国各大单位的地质研究者聚到一起，聆听李四光介绍了创立地质力学的原因、地质力学的基础理论和方法。三期进修班 153 名学员，结业以后，大都成为原工作单位的科研或教学骨干。

传道授业，桃李芬芳。李四光还培养出中国恐龙之父杨钟健、中国笔石古生物学与生物地层学奠基人之一许杰、石油地质专家康玉柱等一大批响当当的科学家。

1971 年 4 月 29 日，李四光因病溘然离世。《人民日报》称他为中国的地质工作做出了重大贡献。一代大师远去，但李四光矢志不渝的爱国情怀，坚持真理的科学品格，强烈执着的创新意识，诲人不倦的师表风范，严谨求实的工作作风，依然值得后辈永远学习和敬仰。

15 竺可桢：为科学教育事业奋斗半个世纪

在今天看来，天气预报极其普通，但在20世纪初，我们国家想预测天气情况还是非常困难的。当时我国只在香港和上海有两座气象测绘站，并且都由外国人控制。发展到今天，中国的气象科学已经非常成熟，而这一切，都离不开竺可桢教授。

竺可桢是中国卓越的科学家、教育家、地理学家和气象学家，中国近代地理学的奠基人，先后创建了中国大学中的第一个地学系和中央研究院气象研究所。此外，竺可桢被公认为浙江大学学术事业的奠基人，集其毕生之力将浙江大学办成了全国著名的大学。

1890年，竺可桢出生于今浙江绍兴。自幼热爱学习，善于思考，在父亲的引导下，从小就养成了良好的学习习惯，不论读书学习还是做事，都有恒心、有毅力。20岁时，竺可桢考取了第二批庚子赔款公费留学生，开启了留学美国的学习生涯。

因为中国以农业立国，竺可桢填报专业志愿时，毫不犹豫地选择了农学。但当时美国的农业科学并不发达，农业体制也与中国不一样。竺可桢从伊利诺斯州立大学农学院毕业后便转到哈佛大学地理系，选择了与农业联系最为密切的学科——气象学。

1918年，竺可桢获得了气象学博士学位，之后回到了阔别8年之久的祖国。回国后的竺可桢，不爱高官厚禄，坚持学术育人，从事教育与气象研究工作，大力发展中国的气象事业。在蔡元培的支持下，竺可桢在南京北极阁筹建气象研究所，并担任所长，中国的气象科学就此起步。

为了民族的教育事业发展，1936年，竺可桢告别自己心爱的气象科学，接任浙江大学校长。

竺可桢刚到浙大时，学校的教学楼和图书馆都是漏雨的危房，学校图书馆的藏书仅有6万余册。而当时的清华大学，仅藏书室的面积就超过了7000平方米，图书数量更超过了36万册。更令人担忧的是学校的教师队伍，当时学校的几门课程没有任课教师，还不断有教授辞职。

见此状况，竺可桢顿时感到肩上责任重大。于是，他到浙大后首先解决的一件事就是：招老师，广纳贤才。“教授是大学的灵魂”，竺可桢认为一所大学学风的优劣全以教授为转移。如果大学里的许多教授以研究学问为毕生的事业，以教育后进为无上的职责，自然会养成良好的学风，不断地培植出博学敦行的学者。后来，在竺可桢民主、自由办学理念的吸引下，在他崇高人格的感召下，陈建功、苏步青、王淦昌等一大批优秀教授被他请了回来，越来越多追求真理、崇尚科学的好老师也被吸引来了。

1937 年，抗日战争全面爆发。浙江大学危在旦夕，为了保存浙江大学教育的火种，保存中国学术的未来，竺可桢毅然响应号召，举校西迁。10 年间 4 次迁移，浙大师生每到一个地方，无论条件如何艰苦，从来不敢耽搁学习。

就是这样，一所辗转 5 省跋涉 5000 余里地，饱经战乱的“流亡学校”，从抗战前只有文理、农、工 3 院 16 系的地方性大学，一跃成为文、理、农、工、法、医、师范 7 院 27 系的综合性大学，诸多专业在全国享有盛誉，浙大更是被誉为“东方剑桥”。作为一校之长，竺可桢知道，对学生负责，更要对国之教育负责。

1974 年 2 月的一个凌晨，当人们还沉醉在梦乡的时候，这位杰出的教育家、科学家溘然离世。竺可桢的一生是奋斗的一生，是为祖国的科学教育而献身的一生，他用毕生的精力实践着教育兴国、科学救国的理想，为祖国的教育科学事业鞠躬尽瘁，死而后已。

16 赵占魁：炼火英雄，工人旗帜

从四处流浪的雇工，到成为生活稳定的“抗大”职工队学员；从一名普通的劳动工人，成长为人人学习的全国劳动模范，赵占魁这面“边区工人的旗帜”，在人民心中高高飘扬，激励着一代代工人奋斗前行。

1896 年，赵占魁出生在今山西定襄一个贫苦农民家庭。家里兄弟 4 人，赵占魁 12 岁的时候就跟着两个哥哥打工干活，最开始给人当雇工，后来干过铁匠，当过水泥小工，又在兵工厂学过翻砂，颠沛流离，居无定所。1938 年，安吴堡青训班招收有志抗战的职工，流亡到西安的赵占魁听说“延安是工人出头的地方”，便去报名，顺利进入“抗大”职工队学习。

“我找到自己的家了。”流亡半生的赵占魁来到延安后感慨地说：“我活了快半辈子，血都快被人榨干了，没想到今天公家管吃管住，还让我进了学校学本事。”身边领导和同志们对他也关怀备至，感动之余，赵占魁非常努力地学习、工作，各方面表现都很好。1938 年 12 月，他光荣地成为一名共产党员。

1939 年，赵占魁转入中共中央职工学校学习，正赶上学校响应中央号召开展工农业生产，赵占魁被编在了建设队打铁部。他和几个工人修起打铁炉，打镢头，打锄头，不到半个月就打造了数百件农具供前线使用。

边区政府创办农具工厂后，赵占魁被调过去当翻砂工人，他高兴得不得了，心想，终于能为党多出点儿力了。

刚到农具厂时，赵占魁负责翻砂股的化铁工作，站在 1000 多摄氏度的熔铁炉旁边，身上的衣服都被汗水浸透了，但他从来不偷懒、不懈怠。由于表现出色，没多久就成了翻砂股的股长。之后，他更是上工比别人早，下工比别人晚，临走时还要巡察一遍厂区，把乱摆乱放的工具挨个拿起来摆好。

除了工作认真负责，赵占魁在技术改进方面也有着一股“钻研劲儿”。起初 1 斤焦炭只能化 1 斤铁，被赵占魁改进到化 2.5 斤。为了提升铸品完好率，赵占魁带领身边的骨干能手革新技术，从最开始只有 40% 左右提升到 75%。翻砂最初用 30% 的焦炭面，导致翻出的犁铧表面不光滑，后来改用 30% 的石炭面，翻出的犁铧面不仅光滑好用，还降低了生产成本。再有化铜的罐子，罐子要用坩土自制，最初一个罐子能化 2 次到 3 次铜，但经过赵占魁的几次改造升级，可以化 6 次，使用率提高了一倍以上。

对身边的青年工人和学徒，赵占魁更是爱护有加。身边一些老工人在带学徒的时候，好多人都会“留一手”。赵占魁则不然，他把自己所有的技术毫无保留地传授给学徒，细心解答困难、问题，尽全力帮助他们成长。在他的栽培下，好几个学徒都在三四年后成了素质过硬的优秀工人。不仅如此，生活中赵占魁也经常和学徒在一起，彼此交流，相互了解，给了他们很大的关心。

赵占魁还经常助人为乐。他帮炊事员做过饭，帮马夫铡过草，把自己省下来的钱借给村里人买农具、捐给家庭贫困的小学徒……无论走到哪，厂里人都给赵占魁竖大拇指，对他交口称赞。赵占魁也因为各方面表现突出被评为“模范工人”。

1941 年，赵占魁当选陕甘宁边区参议会候补委员。1942 年，《解放日报》发表《向模范工人赵占魁学习》的社论。不久，陕甘宁边区总工会发出通知，号召全边区工人学习赵占魁辛勤劳作、始终如一的精神，发起了以他的名字命名的“赵占魁运动”。

1943 年和 1944 年，陕甘宁边区两次召开劳动英雄、劳动模范工作者表彰大会，赵占魁被评为边区劳动英雄和特等劳动模范，受到了毛泽东、周恩来、朱德等领导人的接见。朱德称赞他是用革命者态度对待工作的“新式劳动者”。1950 年，赵占魁被授予“全国劳动模范”称号。

现实是此岸，理想是彼岸，奋斗则是通往理想彼岸的桥梁。赵占魁始终保持着延安时期工人阶级的优秀品质，保持着劳动人民的本色，苦干实干，艰苦奋斗，为社会主义事业尽心竭力，默默奉献。

17 孟泰：爱厂如家当典范，钢铁战线勇争先

他没有美好的童年，家里几代贫农，从小挖野菜、编苇席、干农活、做长工，历尽波折，饱经沧桑。尽管如此，他在多年之后却成长为人人学习、人人尊敬的全国劳动模范，受到毛泽东、周恩来等党和国家领导人的亲切接见。他就是在祖国钢铁事业中创造过辉煌业绩的一代劳动模范、鞍钢老英雄——孟泰。

孟泰

1917年，河北丰润遭遇大旱，村里人纷纷外出乞讨。为了给自己找条活路，19岁的孟泰只身闯关东。他先后辗转抚顺、鞍山等几个地方，在亲戚朋友的介绍下，抬过沙子，学过修理，做过铆工……

当时日军在东北横行霸道，他先后工作的几个地方都是日本人在掌管。他和工友们恨透了日本工头，想尽办法和日本侵略者斗争。1945年，日本宣布无条件投降，孟泰和工友们相拥而泣：终于熬到头了，大伙盼望的好日子要来了！

然而，他们憧憬的美好生活并没有到来。日军投降不久，国民党接管了鞍山。国民党的到来不但没有给人民带来幸福生活，反而激起了民怨。孟泰工作的钢铁厂成了政府官员的摇钱树，厂中能卖的东西几乎全被卖光，工厂生产几近陷入停滞。孟泰心灰意冷，他认为过上好日子的愿望没指望了，一气之下，便不再去上班。

1948年，鞍山解放。看着满城的解放军官兵面带笑容地帮老百姓打水、劈柴，像对待自己家里人一样，孟泰觉得浑身暖洋洋的，心里乐开了花。这一年，鞍山钢铁厂成立，50岁的孟泰进入鞍钢工作。当时生产工作面临的最大的困难就是缺少器材。为了尽快恢复高炉炼铁生产，在没有上级命令、没有组织号召的情况下，孟泰自发地搞起了废旧器材回收工作。他带领工友跑遍了厂区，翻遍了废铁堆，把能用的阀门、螺栓、管件全都捡回去，清洗修理后统一存放。几个月后，他们收集了大量的废旧器件，存放器材的仓库被工友们亲切地称为“孟泰仓库”。在鞍钢修复炼铁高炉设备过程中，这个仓库派上了大用场。

为了保证刚投产的高炉正常生产，孟泰在厂里一待就是两个月。他每天忙着检查维护设备，甚至忘了自己的女儿出生。1949 年 8 月，孟泰加入了中国共产党。

朝鲜战争爆发后，美帝国主义派飞机轰炸安东，对辽东半岛一带造成极大损害。鞍钢采取应急措施，组织人员防空、护厂。孟泰主动请缨，当起了护厂队员。空袭警报一响，孟泰拎起钳子就跑到管道旁。党委书记和厂长巡逻时看到孟泰守在高炉上，都对他赞不绝口。

1952 年国庆节晚上，鞍钢 3 号高炉一段炉皮被烧穿，数米长的火焰蹿炉而出，裂口越烧越大。主动在值班室值班的孟泰闻讯后，马上赶到平台。他临危不乱，查明险情后，果断做出“不休风，用耐火泥封堵裂口”的决定。他顶着烈焰将浸水的麻袋堵在裂口处，然后指挥现场工人同时向裂口投掷耐火泥球，没一会工夫，裂口处形成了一层保护层。孟泰一次次成功抢险，工友们都称呼他为“老英雄”。

在业务钻研方面和技术革新领域，孟泰同样是出了名的。他根据自己多年的高炉工作经验，总结出一套“孟泰操作法”，对工人们解决冷却水管线问题提供了很大帮助。1953 年，孟泰得知高炉热风炉底部燃烧筒经常烧坏，高炉生产效率严重下滑。为此，他反复到高炉进行观察，通过仔细研究后，他将原有燃烧器材改进为双层燃烧筒，燃烧筒的燃烧寿命提高了一百多倍。

几十年来，孟泰先后实现的重大技术革新累计60余次。不仅如此，他还同一大批技术骨干进行技术重难点集中攻关。十几项技术难题被攻破，有效推动了我国钢铁冶金事业的发展。

1967年9月，积劳成疾的孟泰在北京逝世。他生前荣获全国劳动模范荣誉称号，并多次受到毛泽东、周恩来等党和国家领导人的接见。尽管如此，他依然紧紧地和人民群众联系在一起。2009年，孟泰当选“100位新中国成立以来感动中国人物”。

人民创造历史，劳动开创未来。孟泰用他辛勤劳动的双手，扬起一面奋斗的旗帜，点燃无数劳动人民的激情。劳模精神代代传承，劳动人民接续奋斗，铸就祖国的繁荣富强。

18 林巧稚：“万婴之母”，为事业奋斗终生

她被尊称为“万婴之母”，亲手迎接5万多个新生命来到人世间。她终身未婚，却奉献了自己最赤诚的爱；她没有子女，却是最伟大的母亲。

林巧稚1901年出生于今福建厦门。5岁时，她的母亲患重病去世，亲人因病离世之苦深深地烙在她心上。由于家庭条件

林巧稚

一般，她早早懂得生活的艰辛，因此从小养成了善良、自强、倔强的性格。

10 岁那年，她进入鼓浪屿高等女子师范学校，“怀着平凡的爱做平凡的事”成为她毕生的理想。

1929 年，林巧稚以优异的成绩从北京协和医学院毕业，并成为协和医院妇产科助理医师，从医生涯从此开启。

在那个年代，人们对女性有一种天然的偏见：女性不能拿手术刀。女医生拿着手术刀在手术台治病救人是极为罕见的事。为了打破这种近乎歧视的观念，林巧稚毅然选择了妇产科。

一天夜里，急诊室来了一位子宫出血的妇女，情况危急。当时只是助理医师的林巧稚无权处理，便立即向科室主任报告，主任让她为病人完成手术。接到命令后，她立即通知手术室，在医护人员的配合下，手术非常成功。这一晚，她完成了自己从医以来的第一例大型手术。

这次手术的成功给了她极大的信心，在后来的工作中，她始终兢兢业业。因工作成绩突出，她提前晋升为住院医师。

一次，一位患有严重心脏病的孕妇被诊断为胎盘中央性前置，情况不容乐观。患者此时已经难以接受大型手术的深度麻醉，因此保守的剖宫产已经无法进行。林巧稚想到国外有用破水头皮钳衔产的先例，当即建议采用这一方案，手术最终顺利完成。完成这样的引产手术，在当时的协和医院妇产科还是第一次。林巧稚也因此广受赞誉。

20 世纪 30 年代初期，林巧稚开始着手研究子宫出血致病原因、常见的盆腔脏器炎症等疑难病症。她先后发表了《新生儿自发性肺气肿》等多篇论文，受到医学界的广泛关注。

随着研究的不断拓展，她又致力于滋养细胞肿瘤和其他妇科肿瘤等难题的研究。经过长期的研究和临床实践，她成功治愈了新生婴儿溶血症，成为我国首位成功治愈新生儿溶血病的医生。在肿瘤诊疗方面，她曾成功切除一例近 30 千克的巨瘤，为患者减轻了病痛。

为了让广大女性避免疾病的侵袭，林巧稚还积极推动妇科病普查普治，将“预防为主”的思想传递给每个人。在组织大规模子宫颈癌普查防治期间，她带领团队成员走街串巷，收集了大量关于子宫颈癌的资料，为医学研究的开展提供了有力的数据支撑。

除了在医学事业和医学研究上成果丰硕，林巧稚的医德大爱更是有口皆碑。在协和医院被日军占领期间，她开办了自己的诊疗所，为老百姓看病。不管是社会名流还是穷苦百姓，她都一视同仁，实在没钱的病人，她就免费治疗。半个多世纪的时间，她亲手迎接 5 万多条小生命降生，被尊称为“万婴之母”。

1980 年，林巧稚因病住院。虽疾病缠身，但她仍坚持参与编写《妇科肿瘤》。50 余万字的著作，浓缩了她从医生涯对疾病的探索和研究，更是她为医学事业所尽的最后一份力。1983 年 4 月 22 日，林巧稚与世长辞，她将自己的一生都奉献给了祖国的医学事业。

19 甘祖昌、龚全珍夫妇：传承艰苦奋斗精神，建设美丽“莲花之乡”

他是开国将领，不当将军当农民；她耳濡目染，教书育人济危困；他们一生为党，一心为民，艰苦奋斗，永葆本色。他们是甘祖昌、龚全珍夫妇。

甘祖昌，1905年出生于今江西莲花县。1927年，22岁的甘祖昌加入中国共产党，翌年参加了中国工农红军。在革命道路上，他先后参加过长征、抗日战争、解放战争，革命足迹遍布大半个中国。战争年代，他曾多次负伤，头部遭受过重创，也因此留下了后遗症。刚开始他只要连续工作几小时，就会昏厥过去，后来他的病情越发严重，只要听见震响，就会昏厥过去。

1957年，他的身体越来越差。有人建议他到农场种点水果，稍微劳动一下，或许会对他的病情有所帮助。甘祖昌一下子就兴奋起来了。那时，正值社会主义建设事业的发展期，于是，他决定回乡参加农业生产。他毅然辞去新疆军区后勤部部长的职务，带领全家老少，回到家乡莲花县沿背村当起了农民。将军当农民，甘祖昌还是新中国第一人。

一家三代 12 人“浩浩荡荡”回到了村里。就在回乡的第三天，甘祖昌就拾起了野粪。他戴着斗笠，穿着打着补丁的旧军装，打着赤脚，就和当地农民一模一样。

甘祖昌的家乡有一大片红壤土，大家都说红壤土不长庄稼，因此常年荒芜，无人问津。他决定好好利用这片红壤土，开荒种庄稼。他身体不好，干一会就累得不行。但是一想起当年在南泥湾开荒的事情，就觉得这点苦不算什么，他就又抡起锄头干起来。他带领全家苦战三年，红壤地里长出了板栗、柑橘……他用实践打破了红壤土不能长庄稼的说法。

除了种好自己家的庄稼，他还带领家乡人民一起开荒种粮。“共产党要让人民过上好日子”，这是甘祖昌的信仰，也是他毕生追求的目标。无论是在战场，还是在农村，他都始终坚持初心。29 年间，他带领家乡人民相继修建了 3 座水库、25 千米长的渠道、4 座水电站、3 条公路、12 座桥梁，为改变家乡贫穷的面貌做出了巨大贡献。

龚全珍，1923 年出生于今山东烟台，1937 年参加革命工作，后来考入了西北大学教育系。大学毕业后，她在新疆军区子弟学校当了人民教师。也就是在这个时候，她与甘祖昌相识并结为夫妻。1957 年，她跟随甘祖昌回到了江西莲花县。一回村，龚全珍就主动到当地中学任教。几十年间，她不断发扬甘祖昌将军艰苦朴素的精神，扎根基层，为改善终身致力于乡村教育事业不断努力。

龚全珍曾说：“我从来都没有把我自己当作个什么，我是人民教师，尽我所能。”

1986年，甘祖昌病逝。弥留之际，他交代老伴：“领了工资先交党费，其余买化肥农药，送给贫困户支援农业建设……”在之后的岁月里，龚全珍继续以丈夫为榜样，倾力教书育人、扶危济困，她靠着自己微薄的工资，先后捐建8个教室，资助上百名学生，赠送图书近万册。她用实际行动实现着甘祖昌艰苦奋斗、建设美好家乡的愿望。如今，已近百岁高龄的龚全珍依然竭尽所能得帮扶困难群众。

甘祖昌、龚全珍夫妇的一言一行深深地影响着他们的儿女们。从父母身上，他们深切体会到什么是“一生为党、一心为民”。2013年，龚全珍发起建立了“爱心救助基金会”，女儿甘公荣当起了母亲的助手。近十年来，这个基金会帮助众多家庭解决了生活中的困难。

2013年9月26日，习近平总书记在北京会见第四届全国道德模范及提名奖获得者时，向龚全珍致敬。他说：“我们要弘扬这种艰苦奋斗精神，不仅我们这代人要传承，我们的下一代也要弘扬，要一代一代传承下去。”

甘祖昌、龚全珍夫妇的事迹，是中国共产党人不忘初心、艰苦奋斗精神的生动写照。

20 王淦昌：隐姓埋名处，以身报国时

提起“两弹一星”元勋，很多人随口就能说出邓稼先、钱学森、钱三强等耳熟能详的名字。但也有这样一位“两弹元勋”，为了祖国核事业的发展，隐姓埋名十几年，甚至放弃了获得诺贝尔物理学奖的机会。他就是王淦昌。

1907 年，王淦昌出生在今江苏常熟一个中医家庭。他本该无忧无虑的童年，却充满了灰色记忆。4 岁那年，父亲因病离世，13 岁时母亲也病入膏肓，撒手人寰。年幼的王淦昌只能和外婆相依为命，以放羊来维持生计。但是，即便在这样艰苦的条件下，王淦昌依然没有放弃学习。外婆也十分有远见，砸锅卖铁也要供王淦昌读书，不让他再放羊。在外婆的支持和自己不懈的努力下，王淦昌一路从农村的私塾读到清华大学。

在清华读书时的王淦昌在潜心学业的同时，也接收到许多新思想，他看到当时的北洋政府一味崇洋媚外、欺软怕硬，就和同学们走上街头抗议。但遭遇的却是同学被枪杀的冷冰冰的现实。落后就要挨打！王淦昌意识到，强大的国家才是根本，

从此，科学救国的种子在他心底深深扎了根。

从清华大学毕业后，王淦昌获得了官办留学生名额，远赴德国柏林大学留学，师从世界核物理学先驱迈特纳女士。留学期间，王淦昌非常勤奋，常常因为做实验太晚而被锁在研究所里面。1934 年，王淦昌顺利完成毕业论文，取得博士学位。面对周边同事的挽留，他还是毅然选择了回国。

回国后的王淦昌先后在山东大学和浙江大学任教，为祖国的教育和科研事业贡献自己的力量。1950 年，在钱三强的一再邀请下，王淦昌从浙江大学调到北京，到中国近代物理研究所工作。到了 1956 年，已经是中国科学院院士的王淦昌工作突然发生变动，他被派往苏联杜布纳联合原子核研究所，与十几个国家的原子核专家齐聚在当时世界上最强大的加速器前，共同承担寻找新高能粒子的艰巨科研任务。王淦昌是这个联合科研团队的领队专家。经过反复的试验和研究，王淦昌带领研究小组发现了反西格马负超子，使人类对于微观物质世界的认识向前推进了一大步。

1961 年 4 月，时任第二机械工业部部长的刘杰约见了王淦昌，向他传达了党中央关于研制核武器的决定，并请他参加领导原子弹的研制工作。一旦接受这项任务，就意味着要放弃所有的名誉和地位，和外界断绝联系，并且要做好隐姓埋名一辈子的准备，这对当时已经在科研领域取得重大成就的王淦昌而言，是一次重大抉择。"我愿意以身许国！"铿锵有力的话语掷地有声，王淦昌甚至没有丝毫犹豫，毅然接受了任务。

之后，王淦昌正式开始了中国核武器的试验研究工作。大名鼎鼎的物理学家王淦昌突然从物理学界销声匿迹，而在中国核武器研究队伍中，多了一个名叫“王京”的领导者。

50 多岁的王淦昌当时已经是试验基地里年纪最大的科学家，但他不惧高原和沙漠的艰苦，每次试验都亲力亲为。为了研究试验数据常常工作到深夜，有时候一个馒头、一杯水就是一顿饭，吃完马上开始工作。

1961 年到 1963 年，王淦昌领导了上千次原子弹起爆装置的炸药爆轰试验，试验中需要的每一个核心部件，都经过了王淦昌最严格的检测，只有达到百分之百的精确性才能进行下一步的试验。1964 年 10 月 16 日，我国第一颗原子弹爆炸成功，一声来自东方的巨响，打破了美苏两国的核垄断，震惊世界。

中国第一颗原子弹成功爆炸后，王淦昌又继续全身心投入到中国第一颗氢弹的研制工作中，并帮助解决氢弹研究中一系列关键问题。1978 年，王淦昌告别了“王京”的身份，回到中国原子能科学研究院。销声匿迹 17 年，王淦昌已是白发苍苍的老人。

1998 年 12 月，王淦昌因病在北京逝世。1999 年，国家公开表彰了 23 位“两弹一星”元勋，王淦昌终于得到了这份应有的荣誉，他的名字也终于被公开。17 年的隐姓埋名，背后是艰苦的付出，还有唯愿祖国强大的宏愿。

21 钱学森：为国铸剑，逐梦九天

宇宙浩瀚，星辰璀璨。从“东方红一号”卫星发射，到“神舟”飞船飞天，从“天宫”交会到“嫦娥”奔月，从“北斗”升空到火星探测……一代代中国航天人自强不息，接续奋斗，硕果累累。提起祖国的航天事业，就不得不说起一位值得我们永远铭记的科学家——钱学森。

1935 年，24 岁的钱学森从国立交通大学机械工程系毕业后，前往美国麻省理工学院航空系学习，后转入加州理工学院航空系学习应用力学，师从力学大师冯·卡门教授，并先后取得了航空和数学博士学位。1939 年，钱学森任加州理工学院航空系助理研究员，继续跟随老师进行科学研究。在跟随冯·卡门教授研制远程火箭时，钱学森主要负责弹道分析、燃烧室热传导等理论研究工作，这使得他在近代力学与喷气推进等科学研究方面积累了极为宝贵的实践经验。36 岁的他就已经是麻省理工学院的教授。

当钱学森得知新中国成立，祖国建设急需科技人才的消息时，他毅然决定放弃美国的优渥生活，回到自己的祖国。然而，钱学森万万没想到，他的回国之路会那么漫长。1950 年，钱学森准备离开美国回国时，在港口被美国官员拦住，并被拘留，甚至连行李都被没收了，包括 800 公斤书籍和笔记本。尽管两星期后被保释出来，但他依然处处受到移民局的限制和特务的监视。即便如此，依然没能阻挡钱学森想要回国的脚步。

钱学森一直坚信："我的事业在中国，我的成就在中国，我的归宿在中国。"1955 年，在周恩来总理的批示和帮助下，钱学森携妻子蒋英和一双儿女突破了美国政府的层层阻拦，终于踏上回国之路。

时任美国海军部副部长的金布尔曾说："无论在哪里，1 个钱学森都抵得上 5 个海军陆战师！"由此可见钱学森在当时的重要价值。

钱学森

1955 年初冬，刚刚回到祖国的钱学森到东北参观工业基地。时任哈尔滨军事工程学院院长的陈赓问他："中国人搞导弹行不行？"钱学森说："外国人能搞的，难道中国人不能搞？中国人比他们矮一截？”1956年，怀着对新中国国防事业的强烈责任感，钱学森给国务院写了《建立我国国防航空工业的意见书》，受到中共中央的高度重视。

不久，他受命组建中国第一个火箭和导弹研究所，新中国的火箭、导弹和航天事业由此开始。随后他参与了近程导弹、中近程导弹和中国第一颗人造地球卫星的研制，参与组织了中国近程导弹运载原子弹“两弹结合”飞行试验，主持完成了“喷气和火箭技术的建立”规划，参与制定了中国第一个星际航空发展规划。

1960年11月15日，我国制造的第一枚近程导弹开始飞行试验；1966年10月27日，中近程导弹运载原子弹的“两弹结合”飞行试验成功；1970年4月24日，中国第一颗人造卫星“东方红一号”发射成功，新中国迎来了航天时代的曙光。

在长期的实践研究中，钱学森在空气动力学、航空工程、喷气推进、工程控制论等研究领域均取得了丰硕成果，成为中国近代力学、系统工程理论和应用研究的奠基人、倡导人。

1991年，国务院、中央军委授予钱学森“国家杰出贡献科学家”荣誉称号和一级英雄模范奖章。1998年，钱学森被授予中国科学院资深院士、中国工程院资深院士称号。1999年他又获中共中央、国务院、中央军委颁发的“两弹一星”功勋奖章。

五年归国路，十年两弹成。有人评价说，由于钱学森回国效力，中国导弹、原子弹的发射向前推进了至少20年。从导弹卫星到圆梦太空，他一路探索，为国铸剑，用自己的努力和付出为祖国腾飞蓄力，为祖国和人民留下了宝贵的财富。

22 马永顺：林业英雄、“绿色脊梁”上的坚守者

作为中国第一代林业工人，马永顺人生的大部分时光都在和林木打交道。论砍伐树木，发展生产，他是伐木工人的排头兵，创下一人完成六人工作量的纪录；论植树造林，他又是绿水青山的守护者，累计栽种数万棵树苗，只为心底的承诺……

出生在河北宝坻的马永顺，自幼生活贫困。他 20 岁的时候听说到关外可以打工扛活，能赚钱养活自己，于是背井离乡来到离家数千里的东北林区。但日子并没有他想象中的那么好，啃干粮、住地窖，还要受监工和把头的压迫和欺侮，一年到头流血流汗不说，有时候甚至连工钱都拿不到。

1948 年，马永顺历尽千难万险来到黑龙江省铁力林业局，一改旧社会“臭苦力”的面貌，成了建设新中国的第一代林业工人。

新中国成立初期，百废待兴。马永顺所在的林区是支援国家建设的重要后方基地。他抡斧头、拉锯轮、战林海，一个人完成 6 个人的工作量，曾创下手工伐木年产量 1200 立方米的全

国最高纪录，名震一时。

但随着生产发展速度越来越快，林业职工队伍愈发壮大，生产事故也时有发生，对生产效率造成了很大影响。马永顺在工作之余就琢磨，有没有一种安全高效的方法，既能保证人的安全还能确保产量？他对比研究自己常用的“对口楂”“月牙楂”等数十种伐木方法，终于摸索出一套安全高效的伐木方法——安全伐木法。这套方法一经试用，很快就在林区推广开来。

马永顺不仅伐木属一流，也是一等一的锉锯好手。在当时，附近林区的工人经常找他锉锯，还有不少人扛着锯来向他请教锉锯的方法，说他是业界的名人一点都不过分。为此，他常常从早干到晚。在东北林业总局的帮助下，他还总结出一套四季锉锯法。

马永顺

就这样，马永顺创造的安全伐木法、四季锉锯法成了伐木工人的教科书，在全省推广后，各大林区的工作效率提高了，有的甚至达到了50%。马永顺彻底出名了。他先后多次被评为黑龙江省特等劳动模范、东北林业总局一等劳动模范、全国劳动模范，并数十次受到毛泽东、周恩来等党和国家领导人的接见。1951 年，他加入了中国共产党。

1959 年，马永顺到北京参加全国群英会，周恩来总理握着他的手，亲切地说："你们林业工人不但要多伐木支援国家建设，还要多栽树多造林，实现青山常在，永续利用！"从那以后，"青山常在，永续利用"八个字深深地印在了他心里。

马永顺曾经给自己算过一笔账，从从事伐木开始，他大约采伐了 36000 棵树。他暗下决心，要把自己伐的这么多树补回来，也算是给绿水青山还债了。

于是他每天清晨早早上山，赶在上工前植树造林。到中午休息和下工后，又利用短暂的空当，到植树区抓紧栽上几棵树。采伐树木的时候，他则按照"采育结合"的思路，只采伐成熟的树木，将林区尚在生长期的幼小树苗保护起来。

三年经济困难时期，粮食短缺。由于马永顺上山干活吃不好饭，久而久之，胃病犯了，人也消瘦了不少。身边的人劝他注意身体，空闲的时候不要再去栽树了，但他不听。他忘不了周总理对他说的话，他要完成自己的心愿。

1991 年，78 岁高龄的马永顺还差近千棵树没栽。在一次植树过程中，马永顺不慎落水，回到家发起了高烧。家里人实在怕把他累着，心疼之余，便提出全家人一起帮他把这笔"账"还完。

在马永顺的带领下，他们一家三代十几口人趁着假期，来到一个山坡植树造林。他们全家共栽下 1200 多棵落叶松树苗，帮马永顺还了 1000 棵树的“账”。

马永顺虽然实现了自己的心愿，但他的造林之路并没有就此止步。从 1992 年到 1998 年，马永顺一家三代人每年都上山植树，先后栽种树苗近万株。

1999 年，86 岁高龄的马永顺荣获全国五一劳动奖章和“全国十大绿化标兵”称号，还应邀前往北京参加了新中国成立 50 周年庆典。

2000 年 2 月 10 日，马永顺因病在黑龙江省铁力市去世。坚守一生，奋斗一生。马永顺是大山的儿子，忠诚厚重，一生与树林相伴，用自己的双手撑起新中国的“绿色脊梁”，书写自己奋斗一生的林业情。

23 谷文昌：誓把荒岛变绿洲

在福建省漳州市东山县赤山林场，埋葬着一个人的骨灰。这个人曾经帮助东山人民制服了风沙、为赤山林场植下了不计其数的木麻黄。他就是谷文昌。在东山百姓心中，谷文昌就像是一棵能够遮风挡雨、永远撒播绿荫的木麻黄。

谷文昌出生在今河南林县一户贫农家庭。1950年，已经是党员的谷文昌跟随解放军渡海，解放了福建省东山县，解放后他担任东山县城关区区委书记，后来又先后担任东山县县长、县委书记。初到东山时，映入谷文昌眼帘的是满地荒滩，一片荒凉之景。民间流传着这样的民谣："微风三寸土，风大石头飞。""春夏苦旱灾，秋冬风沙害。一年四季里，季季都有灾。"

历史上，东山县风沙肆虐，旱涝灾害严重，狂风巨浪来袭，整个村庄都被吞噬，东山人民饱受自然灾害之苦。为了活命，人们不得不外出乞讨，有的甚至拖家带口到内陆谋生。

面对多灾多难，生活贫困的群众，谷文昌流下了泪水。他决心带领东山人民改变东山贫困落后的面貌。

为了全面摸清东山县的情况，谷文昌顶着风沙，走街串户，了解民情。他还和县委同志以及相关技术人员到受灾地区实地访查，并将情况一一记录。

1958 年，在谷文昌的带领下，东山县全县兴起了“绿化全海岛，建设新东山”的造林运动。全县男女老少，各行各业纷纷加入造林大军。仅几天时间，就栽种了 20 万棵树苗。

但天不遂人愿。持续一个月的倒春寒致使气温骤降，幼小的树苗被冻死一半以上。后来的几次造林尝试，也均因为风沙、低温等自然灾害而以失败告终。

“到底是为什么呢？”谷文昌带领县委的同志开会集体研究，结合东山县的气候地理情况，彻底反思总结了几次植树失败的经过。他还组织起一个由领导干部、林业技术员和老农民组成的造林实验小组，并亲自担任组长。

他们登沙滩，下海岛，种树苗，按照“旬旬种树”的思路，每十天到指定地点种下树苗，及时更新记录树苗生长的状况，并对周围气候、地理环境进行监测，研究不同要素对树苗成活的影响。最终，他们摸清了树苗的生长规律，总结出了种植技术要点。

1960 年夏天，东山县再次掀起轰轰烈烈的全民植树造林运动。到 1964 年，东山县已累计造林 8 万余亩，县内 400 多座小山丘基本实现绿化，绵延数百千米的海岸线也筑起一道绿色的屏障。

为了进一步改善人民生活，他和县委一班人积极发动群众打水井、修水库、筑海堤、修公路、建海港，开发利用水资源，缓解了东山的旱涝灾情，使得东山面貌焕然一新。

在东山人民积极投身乡村建设的同时，谷文昌也来到百姓中间。他走基层，访民情，办实事，东山县的每一个村落都留下了他的足迹。他卷起裤腿，拿起农具，和东山人民一起耕地犁田，任凭泥污四溅，汗水浸透衣衫。

在他的笔记本上，有这样一句话："不带私心搞革命，一心一意为人民。"后来他调任福建省林业厅副厅长时，只带走了随行的皮箱和一些杂物。当地的群众想送他一张用当地木麻黄树木制成的饭桌，被硬生生地拒绝了，最后又将桌子拿了回去。

他还一贯严格要求自己的家属和子女，不谋私利，不搞特殊化。他到福州上任时，相关部门提出将谷文昌的女儿谷哲慧转为正式工，随他一起到省城工作。谷文昌坚决不同意，他说："组织上调的是我，不是我女儿。"类似的情况在谷文昌家中发生过很多次。1981 年，谷文昌因积劳成疾，与世长辞。

他是一心为人民播种绿色希望的人，也树立起了万古长青的丰碑。谷文昌热爱人民，热爱自己的事业，数十年如一日的艰苦奋斗，换来的是改天换地的新面貌，是人民对他的热爱。任凭岁月流转，谷文昌的爱民情怀始终如一。

24 时传祥：宁愿一人脏，换来万家净

一只粪桶，一辆推车，在时传祥眼中，这就是他的生活。他常说“工作无贵贱，行业无尊卑”，作为一名普通的掏粪工人，从不言苦，从不说累，而是用最朴实的劳动践行着为人民服务的誓言。

1915年9月，时传祥出生在今山东齐河，幼年十分不幸，父亲在旧社会被活活逼死，只剩下他的母亲独自带着6个孩子。家中实在无法生活，他只能被迫外出逃荒。

时传祥

1929年，年仅14岁的时传祥逃荒流落到北京，为了有口饭吃，他被迫当了掏粪工。这份工作辛苦不说，还要忍受粪霸的压榨和羞辱，即使这样，他一干就是20年。

旧社会传统的认知观念里有“下九流”之说，掏粪工就是社会生活最底层的角色。在时传祥的记忆中，他那20年几乎每天都是在辱骂和殴打中度过的，本来就不多的工钱还常常被粪霸克扣，旧社会对掏粪工的欺凌压榨已经到了令人绝望的地步。他每天都在期盼有朝一日能跳出这深不见底的粪坑。

新中国成立后，人民翻身得解放，从此当家做主。置身于改天换地的新中国，时传祥的心里有着说不出的畅快。他真切感受到党对劳苦大众的尊重和关怀。在新社会新风尚的感染下，时传祥意识到：掏粪也是为社会主义建设贡献力量，是光荣的劳动，是为人民服务。

1952年，时传祥加入了北京市崇文区清洁队，继续从事城市清洁工作。他下定决心，要为城市的清洁美丽和快速发展贡献自己的力量。

更让时传祥感到扬眉吐气的是，加入清洁队不久，北京市政府为了加深对基层劳动人民的关怀，充分体现对清洁工人及其劳动成果的尊重，出台专门的规定，包括工资高于其他行业、减轻掏粪工人劳动强度、改善运输工具等一系列措施。

怀着对党的无限感激，时传祥带领环卫工人辛勤工作，尽心竭力为人民服务。而他自己更是化身城市清洁的“守护者”，即使是休息日、节假日，都要走到街上随处看一看，问一问，甚至闻一闻。有哪个地方需要掏粪了，不用工作人员来找，他都主动去。不管坑多深多脏，环境多差，他都想办法掏干净，弄整洁。

上级为环卫工人改善了运输工具后，为了能进一步提高工作的效率，时传祥动起了脑筋。他计算了每个工人每天每周的工时和工作量，然后根据实际情况重新进行调配。原先 7 人的大班组，改成了 5 人小班组。工作量上，他更是带领全班从过去的每人每班背 50 桶增加到 80 桶，而他自己则背 90 桶。最多的时候，每班掏粪背粪数量达 5 吨之多。时传祥工作片区内的居民都享受到了清洁优美的城市环境，而他背粪的右肩却被磨出一层厚厚的老茧。

除了正常的工作，他更是把偌大的北京当成自己的家，把首都的市民都当成自己的家人，休息日走家串户，义务为社区居民、学校等修整厕所，清理粪便，受到大家的普遍尊敬。

1954 年，时传祥被评为清洁工人先进生产者,1956 年 11 月，加入了中国共产党。

1959 年，被评为全国劳动模范的时传祥受邀参加在北京举办的全国群英会，并受到党和国家领导人的亲切接见。刘少奇握着他的手，说道："你掏大粪是人民勤务员，我当主席也是人民勤务员，这只是革命分工不同。"时传祥兴奋地表示："我要永远听党的话，当一辈子掏粪工。"自此以后，他更加热爱本职工作，更加努力地投入到为人民服务中去。

时传祥甘当人民勤务员，一生无私奉献，全心全意为人民服务。虽然他只是一名普通的掏粪工人，但他在自己平凡的岗位上做出了不平凡的业绩。他向人们生动诠释了劳动的光荣和生命的价值。

25 曹发庆：隐功埋名四十年的战斗英雄

“曹发庆——”

“到！”

这是某部英雄四连全体官兵在每年 6 月 25 日早操点名时的场景。曹发庆是他们老连长的名字。某集团军《新编军史英雄名录》这样记载：“曹发庆，1945 年入伍，1947 年入党，战斗英雄，于 1952 年抗美援朝战斗中牺牲……”

而年轻的官兵没有想到，在遥远的大兴安岭茫茫林海中，有一个叫十八里站的地方，那里曾隐居着一位老人。老人是一名普普通通的管理员，没有多少人知道，他就是那位战功赫赫的老连长。

抗美援朝战争结束后，曹发庆回到祖国。转业后，他到了黑龙江的一个林业局工作。20 世纪 50 年代，国家要开发大兴安岭。听到这个消息，曹发庆第一个报了名，从此便一头扎进了大兴安岭。他拉过纤绳，看过粮库，做过更夫，在平凡的岗位上一干就是 40 年。

林业局新建那会儿，建设点在深山里，陆路不通，物资运送都得靠水路。25 里的水路要靠人力拉纤。一次，正好赶上大雨，河水暴涨，纤绳深深地勒进肩膀的肉里，磨出了血。血水、雨水、汗水交融在一起，把肩膀上的纤绳都染红了。

后来曹发庆被调到十八里站供销社党支部任副书记。那时候食堂缺少厨师，人民经常吃不上饭，喝不上水。建设大兴安岭那么辛苦，劳累一天，还吃不上喝不上，那哪能行。于是，年过半百的曹发庆主动到了食堂，洗菜、切菜、炒菜做饭，一个人扛起了“食堂”的重担。为了让大家吃饱吃好，他每天睡觉的时间还不到 4 个小时。

几十年来，哪里有需要，曹发庆就到哪里。呼玛县粮库需要一名认真负责的更夫，有人推荐曹发庆，他二话没说就答应了。寒来暑往，很多人都离开了，但是曹发庆却坚守着自己的岗位，从未动摇。

如果不是一个偶然的机会，他的故事也将会被继续隐藏。曾有一位采访过曹发庆的诗人，这样写道：

头上的烧伤是故事

腹上的刀伤是故事

腰上的枪伤是故事

耳朵上的冻伤是故事

而你，却从不讲故事……

的确，周围没有人听过曹发庆讲自己的故事，他们看到的是他一身的伤疤，见到的也是那个常年戴着一顶帽子的普通老人。

曹发庆的一生是不断奋斗的一生。战争年代，他不惧牺牲，奋勇抗敌，为争取民族独立、人民解放浴血奋战。和平年代，他不惧艰苦，默默坚守，为开拓大兴安岭奉献半生。

26 张秉贵：于三尺售货台奋斗一生

说起北京的购物中心，很多人都会想到王府井百货大楼。在王府井百货大楼楼前有一尊人物雕像，雕像人物是全国劳动模范张秉贵。

张秉贵 1918 年出生于今北京，小时候上不起学，十来岁的他就到毛毯厂当学徒，后来又在织布厂当了纺织工人。17 岁时，他进入米市大街的德昌厚食品店当了一名伙计，一干就是 20 年。在旧社会当售货员，吃苦是家常便饭，他曾挨过掌柜的巴掌，还曾被掌柜一脚踢在胸口上。这一拳一脚成为张秉贵刻骨铭心的痛。

张秉贵

1955年，王府井百货大楼作为新中国成立后在北京建造的第一座大型百货零售商店正招聘25岁以下的营业员。当时，36岁的张秉贵虽然已经严重“超龄”，但还是积极应聘，最终凭借多年的经验被破格录取。经历过旧社会的压迫，能当上王府井百货大楼的售货员，张秉贵感到无比光荣。他暗暗下决心好好干，从此在三尺柜台上开启了为顾客服务的奋斗历程。

刚上班时，张秉贵一心只想多卖东西。曾经有一位顾客要买两块桃酥，他嫌买得少没有理睬，转而去接待购货多的顾客。顾客向他提意见，他却说：“我多售货，是想为国家多创造些财富，有什么不对？”后来经领导批评教育，他深刻反思，意识到为人民服务的真谛，他说：“我们售货员要胸中有一团火，温暖顾客的心。”这件事之后，他再也没有跟顾客吵过一句嘴，红过一次脸。

1959年下半年，张秉贵从糕点柜台调到糖果柜台。在那个年代，物资紧缺，王府井百货大楼每天都要接待大量来自全国各地的顾客。一次，有两个女顾客评价购物体验，说他“服务态度不错，就是动作慢，等待时间长了点”。

为了提高售货速度，张秉贵不断摸索。他发现称糖和算账两个环节最耽误工夫。经过长时间的刻苦练习，张秉贵练就了“一抓准”和“一口清”的绝活，不管顾客要几斤几两糖果，他上手一抓，就能做到分毫不差，并且在称糖、打包的同时，价钱也能心算出来。这样，接待一个顾客的时间大大缩短，减少了排队时间。

张秉贵不是天生就具有这些本领的，这是他长期刻苦练习的结果。别人下班后都去娱乐，他却常常利用下班时间，苦心练习。

他在长期的售货过程中，还摸索出一套“接一问二联系三”的销售技巧，就是在接待第一个顾客时，顺带询问第二个顾客买什么，做到心中有数，同时和第三个顾客打招呼，让顾客不会有被冷落的感觉。

张秉贵不仅熟练提升销售技巧，还非常注重仪表。他认为“站柜台就得有个干净利落的精神劲儿，顾客见了才会高兴地买我们的东西”。他坚持每周理发，每天刮胡子、换衬衣、擦皮鞋。从清晨开门接待第一个顾客，到晚上送走最后一个客人，他自始至终笑容满面，笑容可掬。

其实，在计划经济时代，售货员这个职业很受尊重。很多售货员的服务意识相当淡薄，对待顾客的态度也极差。但是，在张秉贵那里，顾客既不用受白眼，又能看笑脸。这样的购物体验自然很受欢迎。于是张秉贵的柜台前总是人头攒动，里三层外三层。

张秉贵将服务升华到艺术境界。很多外地人慕名而来，热情的顾客为了看他的绝活，曾经将王府井百货大楼的玻璃柜台挤碎。渐渐地，观赏张秉贵卖货成了“燕京第九景”。

一个老爷爷，经常拄着拐杖，来观赏他售货，老爷爷说：“看到他热情洋溢的服务，便觉得有活力，本来生病的身体也觉得恢复精气神了。”

到了退休年龄，张秉贵体力已经跟不上了，平时走路都是步履蹒跚，但一进柜台，就像战士进入阵地，表现得生龙活虎。同事们说他是“上班三步并作一步走，下班一步变成三步迈”。

1987年5月，当了50年售货员的张秉贵病倒了。生病期间，来探望的有国家领导人，更多的是喜欢他的顾客。同年9月18日，69岁的张秉贵因病医治无效，在北京不幸去世。

从1955年站上柜台到1987年去世，32年里，张秉贵接待顾客近400万人次，除了刚工作那一次，没有跟顾客红过一次脸，吵过一次嘴，没有怠慢过任何一个人。他在三尺柜台上，时刻腰板挺直，一心为民服务。他在平凡的售货员岗位上练就的“一抓准”“一口清”的技艺和“一团火”的服务精神，成为王府井百货大楼的服务标杆，也成为新中国商业战线上的一面旗帜。

27 李光：“我自己没文化，不能让下一代再吃这个亏”

在贵州省遵义市有一位受人敬仰的老人。他乐于助人、勇于奉献，大家亲切地称他“李光老红军”。

李光，1920 年 8 月出生。1934 年，中国工农红军进驻遵义城，14 岁的李光从一名放牛娃成了一名红军战士，18 岁时光荣加入中国共产党。在部队时，他曾跟随红军长征，历经抗日战争、解放战争，功勋卓著。1952 年，他转业回到遵义，先后任过劳动局局长、建设局局长等职务，1985 年离休。这是李光老人离休前的人生轨迹。

小时候，李光家里穷，经常吃不饱，更别说读书了。因为没文化，他吃过亏。那是发生在战争时期的一件事。那时候，李光担任营长，在一次战斗中，上级下达了“拂晓前撤退”的命令。文化程度不高的李光根本不懂“拂晓”的意思，到第二天天大亮才出发。由于贻误时机，导致部队被敌人包围，损失惨重。这次惨痛的教训，一直是李光老人难解的心结。

他说：“我自己没文化，不能让下一代再吃这个亏。”离休后，李光老人有了一个新身份——遵义市关心下一代工作委员会（市关工委）的顾问，这是他的新长征。他倾力捐资助学，把余生的精力都投入到了下一代的教育事业中，直到去世。

1994 年，市关工委到红花岗区海龙镇桂花小学组织活动。李光老人发现学校条件很差，操场上没有五星红旗，教室的墙千疮百孔，课桌也只是两个树墩搭一块木板。大冬天的，孩子们只穿了一条裤子。学校的窘况让他的心情久久无法平静。“不能让孩子们的读书环境那么差，更不能因穷读不起书。”

于是，第二天上午，他就买了 100 套棉衣，亲自送到学校，同时还捐赠了 5000 元买红旗、做课桌。从那以后，李光老人捐资助学的举动一发不可收拾。他给自己定下了一个计划：每年要向贫困学生捐款 1 万元。2007 年，捐款增加到每年 1.5 万元，从 2010 年起，增至 2 万元。

离休后的 30 多年间，一向节俭的李光，将自己的大部分工资用来捐资扶困助学，共捐款 60 多万元，他的名字逐渐家喻户晓。他用微薄的工资，帮助 1700 多名贫困学生重返课堂，完成求学梦。

这些钱都是老人在微薄的离休工资中一点点“抠”出来的。老人多年来不曾添置一件新衣服，一日三餐或是一碗白米饭加一小碟青菜，或是一碗素面条，几十年如一日。“经历过饥饿，就知道节约的可贵；经历过战乱，就知道和平的不易。”

自 2001 年起，李光先后被确诊患直肠癌、重症胰腺炎、皮肤癌，经常要去医院接受治疗。从那以后，李光老人一边与病魔抗争，一边继续竭尽全力助学捐资。为了深入了解农村的教育情况，他拖着年老多病的身体，经常跋山涉水，深入农村家庭，访问贫困户，他的足迹踏遍了红花岗区海龙、巷口等乡镇。遵义市海龙镇桂花小学因长期接受李光捐助，改名为“李光小学”。他的义举也感染了一代代黔北学子。李老帮助过的很多困难学生，大学毕业后返回家乡，接过了李老的接力棒，继续为农村教育事业奋斗着。

捐资助学之余，李光老人还坚持为青少年义务宣讲革命历史。他结合自己亲身经历，一遍一遍讲述红军长征的故事。只要有需要，他就去讲，从不推辞。在遵义会议会址、在红军烈士陵园等革命圣地都留下了他忙碌的身影。人们亲切地称呼他为“义务园丁”，并习惯在他的名字前面加上“老红军”三个字。

“传承长征精神，让子孙牢记不朽的历史，关注贫困学生，有点儿事做，我就忘了病痛。”李光老人总是乐呵呵地说。正是这种乐观的生活态度和高尚的情操，谱写了老人生命的传奇。

从 1934 年底参加红军到 1985 年离休，整整 50 年血与火的洗礼，造就了李光大公无私、乐于助人、勇于奉献的优良品格；艰苦卓绝的长征路，铸就了李光的铮铮铁骨。建设年代里，他荣归故里，在不同的岗位上努力工作，为国家和人民做出了重大贡献。

2019 年 1 月 12 日，99 岁的李光老人因病医治无效去世，遵义市民自发组织为老人送行。人们敬重他，不仅仅因为他有着光荣的革命生涯，更因为他多年坚持捐资助学的义举。李光用一生诠释着一个老红军、一位共产党员对革命事业的忠诚及对社会、对人民的爱。

28 吴孟超：披肝沥胆，医者仁心

他是医生，90 多岁高龄时，依然坚守在三尺手术台上；他是军人，一当就是一辈子；他是中共党员，一生为党、为国、为病患。他就是我国著名肝胆外科专家，被誉为“中国肝胆外科之父”的吴孟超。从医 70 多年，他勇于向“癌中之王”发起挑战，他的团队让中国的肝脏外科达到了世界先进水平。

20 世纪 50 年代，中国的肝胆学研究还是一片空白，肝胆外科更是我国医学界的“生命禁区”。有人曾说：“中国的肝脏外科要达到世界先进水平，起码要 30 年。”听到这句话，吴孟超内心很不是滋味。36 岁的他决定向“禁区”发起挑战。他连夜向医院党委提交了一份报告。写完报告后，他又写下了 16 个大字：自力更生、艰苦奋斗、奋发图强、勇攀高峰。这是他的奋斗目标，也是他对自己的鼓励。1958 年，专门攻克肝脏外科疾病的攻关小组成立，吴孟超是小组的负责人。从此，吴孟超迈出了肝脏解剖研究的第一步。

要想成功治疗肝癌，就必须先搞清楚肝脏的结构和血管分布。1959 年 2 月，他买来乒乓球，加入丙酮，将它们溶解，将溶解后的液体灌入肝脏血管里。他又用盐酸把肝脏表面组织腐蚀掉，留下塑料模型，再用刻刀镂空。为了区分不同的血管，他买来新的塑料材料，分别从肝动脉、肝静脉、门静脉和胆管注入不同的颜色。这样，肝脏血管的构架清楚地呈现了出来。

经过 4 个多月的艰苦努力，中国第一具结构完整的人体肝脏血管模型终于灌注出来。1959 年底，吴孟超和团队又制作了肝脏标本 108 个、肝脏固定标本 60 个。通过制作模型和标本，吴孟超对肝脏内部构造以及血管走向已经了如指掌，为日后施行肝脏手术打下了坚实的基础。

1960 年，他主刀为一位中年女患者成功切除了肝癌，成了第二军医大学第一附属医院的第一例成功肝脏手术，也是我国完成的第一例肝脏外科手术。在没有任何先例可循的情况下，吴孟超勇敢接受挑战，成为中国第一个向肝脏开刀的人。他还发明了“常温下间歇性肝门阻断切肝法”，解决了肝脏手术中的出血问题。

此后，不论遇到多大的困难，吴孟超始终充满战斗的激情，就像当年写下的 16 个大字一样。在他的带领下，仅用了 7 年时间，中国的肝脏外科水平就跃升至世界前列。

1974 年，他又向医院党委申请成立独立的肝胆外科，并获得批准。这实现了他肝胆事业上的第一次飞跃，也为我国肝胆医学的发展奠定了基础。

1975 年，吴孟超用手里的手术刀切除了迄今为止国内外最大的肝海绵状血管瘤，瘤体重达 18 千克。第二年，吴孟超在上海展开了一次大规模肝癌普查，开始了肝癌早期诊治的课题研究。

吴孟超一次次向肝癌外科手术发起挑战，相继提出了肝癌外科治疗的一系列新方法，包括大肝癌的“二期切除”、肝癌复发再手术等。1983 年，他成功为四个月大的女婴切下了重达 600 克的肝母细胞瘤。从此开启了一系列小儿肝脏外科研究与临床实践。

工作之余，吴孟超还承担起培养我国肝胆外科人才的重任。如今，在全国肝胆外科的专家和医生中，八成以上都是他的学生。

直到 2019 年 1 月，97 岁高龄的吴孟超才宣布退休。他如一台永动机，只要病人需要，就随时准备战斗。96 岁高龄的时候，他仍然坚持每周 3 台手术。“如果有一天倒在手术台上，那就是我最大的幸福。”这是他常说的一句话。由于长期使用手术刀，吴孟超食指上关节向外弯曲，像个钩子。这是一辈子用力拿手术刀的结果，也是专属于他的奋斗印记。

2021 年 5 月 22 日，吴孟超因病医治无效去世，享年 99 岁。

从医 70 多年，吴孟超在三尺手术台，凭借一把小小的手术刀，一次次与死神抢夺生命。他共主刀和参与救治了近 16000 个肝胆疾病病人。吴孟超的一生是不断奋进、勇于革新的一生，是与肝胆疾病不断抗争的一生。

29 马万水：不断奋斗，勇破掘进纪录

1949 年，新中国成立之初，百业待兴。龙烟铁矿是新中国成立后第一批恢复生产的大型铁矿。26 岁的马万水因技术突出，被上级部门从北京门头沟煤矿抽调到龙烟铁矿，任掘进五组大组长。

龙烟铁矿在解放前已被敌人破坏殆尽，巷道坍塌，蒿草丛生。要在这样的条件下开铁矿，困难重重。马万水经过勘察，终于在杂草中找到 30 号巷口，并承担起凿通巷道的神圣使命。从此，马万水带领 18 名矿工开启了艰辛的创业之路。

因矿山破坏严重，矿工技术水平不过关，又加上缺少机器设备和工具，小组工作效率并不高。第一个月，巷道只向前推进了 1.7 米。为了提高工友们的技能水平，经验丰富的马万水，手把手教工友们凿岩技术和打锤方法。有时工友们打锤打不准，打到马万水的手上，鲜血直流，他笑笑说："没关系，接着招呼。"就这样，他一边传授经验，一边鼓励大家。慢慢地，工友们的技术熟练了，工作效率也提高了。

马万水小组工人施工作业场面

巷道一米米地被掘出，掘进难度也越来越大。掘进过程中，冰冷的地下水从岩石缝里蹿出来。他们没有雨衣，就从伙房里借来三条麻袋当雨衣；没有胶鞋，就在布鞋里垫把麦草当胶鞋穿，后来组织上发了六双胶鞋，大家只能换着穿。“一把大锤，两根钢钎，三条麻袋轮着披，六双胶鞋换着穿，手抡大锤拼命干”的创业精神一直激励着每位小组成员。

就在这常人难以想象的艰苦条件下，工友们没有一个偷懒退缩的。一个月后，月进尺从 1.7 米跃进到 6 米多。

1950 年 6 月，掘进五组又凭着铁锤、钢钎，手工操作，月掘进石英岩巷道 23.7 米，创造了黑色金属矿山掘进全国纪录。掘进五组也被命名为“马万水小组”。同年，马万水也迎来了生命中的神圣时刻，光荣地加入了中国共产党。

马万水小组创新的脚步没有停歇。在实践中，马万水认识到，要想加快矿山建设，光靠拼体力是不行的，必须把苦干、实干与巧干结合起来。

在马万水的带领下，小组在每次的掘进中总结经验，琢磨方案，创造了上百项掘进方法，一次次刷新掘进记录。50年代，马万水小组连续十年蝉联了全国黑色金属矿山掘进冠军，并多次被授予全国模范集体称号。马万水小组成了一面旗帜，也成了全国学习的榜样。

1959年年底，马万水被提拔为井巷公司副经理，但他仍然废寝忘食地到井下参加劳动。1960年年底，马万水的腿疼已经非常严重，可他还是拄着棍子往井下跑。

有一次，在庞家堡铁矿850平峒的掘进任务中，遇到了历史上罕见的淋头水大断层，流砂一泻40多米远，把巷道堵得满满当当，掘进工作被迫停止。

正在住院的马万水，一听到消息后就迅速赶回了工地，亲自到断层区地段观察。他带领工人先后进行了30多次技术研究，尝试了10多个过断层的方案，最后采用打桩楔的方法，先架护梁，挡住大块落石，然后再把一个一个粗大的木桩打进流砂里。经过135天的奋战，他们成功战胜这个“拦路虎”。

由于常年劳累过度，1961年3月，马万水被确诊为骨癌晚期，于当年8月12日逝世，年仅38岁。在生命的最后时刻，他仍对矿山生产念念不忘，一再嘱咐工友们：“要永远争先进，把党给咱们的红旗保持住。”

在十几年的工作中，马万水小组不断实践，勇于创新，创造了“打桩楔法”“深坑作业”“超前支架密集棚子开口法”等一个又一个开凿工艺史上的奇迹，在困难中锻炼出了艰苦奋斗、敢于斗争的革命精神和坚强意志。特别是在国民经济最困难的1960年，他们一年内连续三次创造了全国黑色冶金矿山掘进的新纪录。

虽然病魔无情地夺走了马万水的生命，但“艰苦奋斗、严细求精、拼搏奉献、勇攀高峰”的马万水精神却鼓舞着一代代“马万水人”继续前进。

改革开放以来，马万水工程队又提出了“红旗不能倒，荣誉不能丢，不靠‘皇粮’靠市场，开展第二次创业”的口号，发出了“马万水这面红旗的接力棒，决不能在我们手里丢失”的诺言。

如今的龙烟矿山分公司早已没有了当年破败的样子。广场南面半山坡上矗立着一座马万水的雕像，雕像头戴柳条帽，脚蹬水靴，一手叉腰，身后是鲜艳的国旗和党旗模型。从广场到塑像共筑有38级台阶，标志着马万水38年短暂却奋斗不息的一生。巨大的雕像见证着马万水人辉煌的过去，也激励着一代又一代马万水人不断进取。

30 王进喜：石油战线的“铁人”，工人阶级的典范

新中国成立之初，国家一穷二白，工业基础非常薄弱。为了尽快改变国家落后的面貌，加速实现工业化，各行各业的工人在极其艰苦的条件下，攻坚克难，艰苦创业，涌现出一大批先进典型。“宁肯少活 20 年，拼命也要拿下大油田”的“铁人”王进喜就是其中的代表。

1923 年，王进喜出生在今甘肃玉门一个贫苦的农民家庭，小时候他的生活十分艰苦，他给地主放过羊，到街上要过饭，15 岁时，他来到油矿当了童工。

玉门解放后，王进喜通过了技能考核，到钻井队工作，成为新中国第一代钻井工人。和他相处时间长了，身边的工友都评价他“干活勤快能吃苦，脏活累活抢着干”。几年的时间，劳累枯燥的钻井工作锻炼了他坚韧不拔的毅力，服务奉献的大局意识也在他心底渐渐扎根。

1956 年，王进喜加入中国共产党。入党后不久，他担任了贝乌五队钻井队长。1958 年，在石油工业部组织的以“优质快

速钻井”为中心的劳动竞赛上，王进喜带领钻井队创下月进尺5009.3米的最高纪录。贝乌五队被命名为“钢铁钻井队”，王进喜则被誉为“钻井闯将”。

为了进一步提高钻井速度和质量，王进喜还在打井的技术上下功夫，逐渐摸索出一套快速打井的方法。1959年，王进喜带领团队创下了钻井年进尺7.1万米的全国最高纪录。这一年，王进喜被评为全国劳动模范，受邀参加了全国群英会。

1960年春天，中国勘探出大庆有油田，一场规模空前、艰苦卓绝的石油大会战在大庆展开。王进喜得知要抽调钻井队前往大庆，便主动向上级申请。就这样，王进喜带领钻井队从玉门出发，加入浩浩荡荡的石油大军。

到了大庆，王进喜不关心条件保障，不关心生活环境，找到生产负责人问：“钻井设备什么时候到，井位选好了没有？”得知钻井位置后，他立即带领团队步行两个多小时到达那里，那天夜里，30多人的队伍就在野外将就了一晚。

让王进喜没想到的是，现实的困难远比想象中的要大。施工设备不足，大型机械装备不到位，生活起居也面临困境。首先到达的钻井设备有60吨重，没有汽车和拖车，装备卸不下来也搬不走，一时难倒了众人。

憋足了劲钻井出油的王进喜对钻井队成员说：“有条件要上，没有条件创造条件也要上！”王进喜本着不等、不靠、不要的心态，带领工人把大型设备的部件拆解开，用撬杠、大绳等一些简易工具，靠着人拉肩扛把钻井设备装上仅有的几辆汽车，运到钻井地点，安装设备架起了井架。

开钻打井需要用水调制泥浆，冬天取水困难，为了提前第一口井的开钻时间，王进喜带领大家破冰取水，用脸盆端出了50多吨水，保证了油井的开钻。经过五天五夜的连续工作，他们终于成功打出了大庆油田第一口喷油井。

钻第二口井时，突然发生井喷，如果不能及时封口，极有可能造成井毁人亡的事故。当时没有压井专用的重晶石粉，王进喜当即决定用水泥代替。但倒进泥浆池里的一袋袋水泥都沉了底，又没有大型搅拌器。王进喜见情况不妙，直接甩开拐杖跳进了泥浆池，用身体搅拌泥浆，身边的工友也接连跳进泥浆池。经过两个多小时的抢修，他们终于制服了井喷，保住了油井和设备。房东赵大娘看到王进喜带着工人没日没夜地干活儿，感慨地说："你们王队长可真是'铁人'呐！""铁人"的名号从此传遍了大庆油田。

由于长期过度劳累，王进喜身体早早地垮了。1970年王进喜被诊断为肺癌晚期，最终医治无效逝世。

为国家分忧解难，为民族争光争气。王进喜是大庆"铁人"，是中国石油战线上的一面火红的旗帜，是顶天立地的民族英雄。斯人虽逝，但他身上体现出的"铁人精神"却激励着一代又一代石油工人，敢闯敢拼、无私奉献的精神永远铭刻在人们心中。

31 黄旭华：隐姓埋名，为中国的核潜艇事业而奋斗

面对西方的技术封锁，他带领团队自力更生、艰苦奋斗，一路攻克种种困难，仅用不到10年的时间就实现了我国核潜艇从无到有的壮举。他曾隐姓埋名30年，将功勋悄然隐藏。他就是我国核潜艇研制工程的先驱者——黄旭华。

1926年，黄旭华出生在今广东汕尾。高中毕业后，在海边长大的他考入上海交通大学造船系。

新中国成立初期，我国的核潜艇研制事业还未起步。但对于研制我们自己的核潜艇，毛泽东主席讲了一句话："核潜艇，一万年也要搞出来。"

1958年，面对美国等西方国家的核威慑，中央决定组织力量自主研制核潜艇。黄旭华被调往北京，从事核潜艇的研究设计工作。到北京报到后，领导找黄旭华谈话，说："这项工作保密性强，一辈子出不了名，就算成功了也只能当无名英雄。"

即便如此，黄旭华还是热情高涨地和同事们开始了核潜艇的研制工作。此后30年时间，他的家人都不知道他在做什么。

直到1987年，一篇《赫赫而无名的人生》讲述了黄旭华的故事，他的身份才被公之于众，他的家人才知道这30年他去了哪里，干了什么。

核潜艇研制工作步履维艰。当时，科学技术、工业生产能力都跟不上，又缺少专业技术知识和技术人才。黄旭华虽然研究过苏式仿制潜艇，但核潜艇和普通潜艇完全不一样。他对于核潜艇也几乎是一无所知。他和同事们一起，边学习，边研究，边验证，仅用三个月的时间就提出了5个核潜艇总体设想方案。

就在黄旭华和同事们怀揣梦想日夜苦干时，残酷的现实给了他们重重的一击。1962年，因国家经济困难、技术力量不足，要集中力量攻破“两弹一星”，核潜艇工程暂时“下马”。作为留下的技术骨干之一，黄旭华继续进行核潜艇关键技术的研究。1965年8月，核潜艇研制工程重新立项“上马”。国防科工办组建起核潜艇总体研究设计所，黄旭华和尤子平担任副总工程师，中国核潜艇研制的步伐重新迈开。

核潜艇是一项尖端工程，但黄旭华和同事们却用最土的办法来解决最尖端的技术问题。数据计算是最重要的工作之一，当时还没有计算机，他们都是用算盘算数据。每一组数字由两组人计算，答案相同才能通过。他们常常为了一个数据日夜不停地计算。除了用算盘计算数据，他们还采取用秤称重的方法，要求所有上艇设备都要过秤，安装中的边角余料也要一一过秤。

几年的建造过程，天天如此，这些土方法成了他们攻坚克难的法宝。核潜艇下水后的数值和设计值几乎完全吻合。黄旭华团队进一步将核动力和水滴艇体相结合，研制出了我国水滴型核潜艇。

1970 年 12 月 26 日，黄旭华迎来了期待已久的深潜试验。核潜艇深潜试验风险性非常高，参试人员的精神压力巨大，为了缓解大家的紧张感，已 64 岁的黄旭华决定亲自参加深潜。

核潜艇载着黄旭华和 100 多名参试人员，一米一米地下潜。在深潜过程中，黄旭华时刻观察数据，指挥下潜，直至突破之前的纪录，核潜艇稳稳地潜到了极限深度，中国人民海军潜艇史上首个深潜纪录由此诞生。由此，中国核潜艇的总设计师随同潜艇一起深潜也成了研究所的光荣传统。

黄旭华作为我国第一代核潜艇研制创始人之一，为我国核潜艇事业奉献了毕生精力，他“苦干惊天动地事，甘当隐姓埋名人”。他的人生经历诠释了“自力更生、艰苦奋斗、大力协同、无私奉献”的核潜艇精神，这种精神也感召着一代又一代的年轻人献身国防科技事业。

32 邓稼先：执着奋进，建功立业

大漠的苍茫点缀了蘑菇云的硝烟，写下山河的颂歌。他是“两弹元勋”，曾为祖国隐姓埋名 28 年，默默无闻，以身许国，铸剑长空。他一生与亲人聚少离多，把全部的才智和精力都奉献给了自己深爱的国家。他就是我们熟知的邓稼先。

邓稼先出生于今安徽怀宁，受家庭环境的浸染，再加上自己的努力，在青少年时便打下较好的学业基础。后来家国破碎，随姐姐迁往昆明，并于 1941 年考入西南联大物理系。抗战胜利后，邓稼先在北京大学物理系担任助教。

怀着报效祖国的宏愿，他于 1948 年远赴美国进修，成为美国普渡大学物理系的研究生。他学业成绩突出，不到两年便修满学分，从入学到获得博士学位，前后只用了22个月。这一年，他 26 岁。

导师德尔哈尔教授非常喜欢、欣赏这位聪明勤奋的中国学生，并有意介绍他前往英国剑桥大学学习。但一心想报效祖国的邓稼先婉拒了导师的盛情，在获得博士学位九天后，便踏上了回国之路。1950 年 10 月，邓稼先成为中国科学院近代物理研究所的一名助理研究员，从事原子核理论研究。

1958 年秋，时任第二机械工业部副部长的钱三强找到邓稼先，说："国家要放一个'大炮仗'，调你去做这项工作，怎么样？"邓稼先义无反顾地同意了。他回到家只是对妻子说："我要调动工作了。"做什么，没有说，在哪里，也没有说。最后又说了一句："我今后恐怕照顾不了这个家了，这些全靠你了。"

中苏关系破裂后，原有的合作协议被迫中止，苏联专家撤回，图纸资料全无，中国核武器的研究相当于从零起步。担任原子弹理论设计负责人的邓稼先苦苦思索，终于摸索出一条自力更生的道路。他选定原子弹理论设计的三个主攻方向，带领研究人员对原子弹的物理流程进行了大量的计算和分析研究，先后进行了九次试验，而所用的设备仅仅是一些手摇计算机、拉力计算尺等极为简陋的计算工具。

在这样的困境下，他们依然解决了原子弹试验成败的关键性难题，取得了试验的成功。其成果被数学家华罗庚称为"集世界数学难题之大成"。

他不仅在秘密科研院所进行大量的理论研究，还常常前往充满风沙的戈壁试验场进行实地考察。1964 年 10 月，新疆罗布泊核试验场爆出一声惊天巨响，中国第一颗原子弹爆炸成功。

短暂的欣喜过后，邓稼先立即投入到氢弹的研究中。其实早在 1963 年 9 月，邓稼先已经接到第一颗氢弹的理论设计任务。

在邓稼先、于敏及全体科研人员的不懈努力下，经过长期的艰苦探索和试验，形成了一份论证充分的氢弹设计方案："邓－于理论方案"。在此方案的指导下，先后几次进行核爆试验，验证了理论方案的可行性。

1967 年 6 月，中国第一颗氢弹爆炸成功。从原子弹到氢弹，法国用了 8 年，美国用了 7 年，苏联用了 4 年，而中国只用了 2 年零 8 个月，创造了世界上最快的速度。从 1958 年至 1986 年，我国进行的 32 次核试验中，15 次是由邓稼先亲自指挥的。

在 1979 年的一次核试验中，邓稼先不幸受到放射性物质的辐射。1985 年 8 月，邓稼先被确诊为直肠癌，病情十分严重。1986 年 7 月他因癌症晚期医治无效逝世。1999 年，党中央、国务院、中央军委追授邓稼先"两弹一星"功勋奖章。2009 年，邓稼先被评为"100 位新中国成立以来感动中国人物"。

33 彭士禄：为祖国核动力事业“深潜”一生

提到核动力，我们能联想到什么？核电站、核潜艇、航空母舰……在中国，提到大家熟悉的“长征一号”核潜艇、大亚湾核电站、秦山核电站，都绕不开一个名字，那就是彭士禄。

作为中国核动力事业的开拓者和奠基人之一，彭士禄参与并见证了中国核工业从无到有、从弱变强的历史过程。他主持了中国第一代核潜艇的动力设计与调试，负责了大亚湾核电站的引进建设，组织设计了秦山核电站二期工程。然而，面对“中国核潜艇之父”这一称号，他说他只是中国核动力道路上的一头“垦荒牛”。

今天的人很难想象，中国核潜艇研制的起步阶段是如何的艰辛。1958 年底，中国组建了核动力潜艇工程项目。这一年，彭士禄学成归国，随即投入到潜艇核动力装置的研发工作中去。那时候的中国核动力事业完全像是一张白纸，没有设备，没有经验，没有专家，没有外援，甚至包括彭士禄在内的整个团队连核潜艇长什么样都没有见过。此外，中国核潜艇的研制项目恰逢三年经济困难时期，刚启动的项目被迫暂时“下马”，彭士禄带领被缩减的团队留守阵地，攻坚克难，完成了中国核潜艇动力装置总体设计的雏形。

“一声令下，打起背包就走。”1965年，国家重新启动搁置许久的核潜艇项目，并要求在1970年建成潜艇陆上模式堆。核反应堆是核潜艇的动力来源，也是核潜艇最关键和最困难的技术部分。彭士禄告别妻女，只身入川，和来自全国各地的队员汇聚到西南深山的实验基地。在那里，他们要建立一个与海上环境条件一模一样的陆上模式堆，进行模拟试验，尽快解决核潜艇的动力问题。在那里，他们变成了“搞水电”的神秘人，和家里人的联系也只剩一个信箱。

研制核潜艇的技术难度比研制原子弹还大。担任第一任核潜艇总设计师期间，他在厕所背英文单词，以便学习国外的相关研究资料。每天晚上，他办公室的灯都是最后一个熄灭。住集体宿舍找室友都要找喜欢晚睡的。

“一万年太久，只争朝夕。”彭士禄带领团队顶着头皮往前冲，用一股犟劲，仅用六年时间便完成了中国第一台核潜艇的研制。这个速度，即便是在技术发达的今天，也是非常紧张的，更何况是在完全没有工业基础的时代。更令人骄傲的是，第一艘核潜艇完全实现了国产。1970年7月，中国核潜艇陆上反应堆开始升温、升压，反应堆的功率缓缓提升。8月30日，反应堆达到满功率，核潜艇的“心脏”有力地跳起来。四个月后，中国自主研制的第一艘核潜艇成功下水。四年后，中国第一艘核潜艇被命名为“长征一号”，正式编入海军战斗序列。

改革开放以后，彭士禄被任命为大亚湾核电站建设总指挥，负责大亚湾核电站的引进建设工作，随后又自主设计建造秦山核电站二期。从核潜艇到核电站，彭士禄和队友们白手起家，创造了一个又一个奇迹，实现了核能服务社会的心愿。

彭士禄为祖国的核动力事业奉献了毕生精力。2021 年 3 月，彭士禄在京逝世。伴随着激昂的《英雄核潜艇》之歌，他的骨灰被撒入渤海湾。在生命的最后，他仍然践行着自己的誓言——永远守望祖国的海洋。

34 杨善洲：奋斗耕耘路，无言铸丰碑

头戴竹帽，身披蓑衣，脚踏草鞋，一身泥巴一身土，几十年如一日，走遍每一个村庄、踏遍每一道山梁，人们亲切地称他为“草鞋书记”。退休之后的他回到家乡，植树造林20余年，在曾经山秃水枯的大亮山筑起一片绿洲，又成为人们心中的“种树书记”。

杨善洲1951年参加工作，1952年11月加入中国共产党，先后任云南省施甸县县委书记、保山地委书记等职。他始终保持着纯朴的农民本色，一辈子爱和群众一起劳动，下乡时常把锄头带在身边。面色黝黑、双手长满老茧的他常说：“和农民在一起，了解到的情况最真实。”

1982年，土地承包工作完成以后，杨善洲到施甸县了解情况。到了保场公社后，他对驾驶员赵从德说：“我到处走走看看，天黑前我要是没回来，就自己去找吃住的地方。”说完下了车，向田里走去……直到第三天中午，木老元公社给县委打来电话，赵从德才知道老书记在他们那里。木老元公社地处偏远

山区，距县城 20 多千米，杨善洲究竟走了多少户人家，踏过多少里崎岖山路，只有他自己知道。

1985 年，昌宁县金华乡遭受严重水灾，时任保山地委书记的杨善洲立即开会提议暂停在建的地委办公大楼，把资金用来救灾。个别同志有意见，杨善洲反问："如果眼看着人民群众受苦，我们却悠闲地坐在富丽堂皇的大楼里，你不觉得有愧吗？"

在职期间，杨善洲带领干部群众发展粮食生产、推广科学种田、兴修水利，为改变贫穷落后面貌，让老百姓过上好日子而不懈奋斗，把深山大沟建成了全国闻名的"滇西粮仓"。

从保山地委书记的岗位上退休后，61 岁的杨善洲主动放弃回省城安享晚年的机会，卷起铺盖扎进大亮山，带领着群众历尽艰辛，义务植树造林。

"大亮山、大亮山，半年雨水半年霜……"在极度恶劣的环境中，杨善洲领着林工们一边造林，一边建房。山里风大、雨多、潮湿，他在油毛毡房一住就是 9 年多。吃饭、办公的桌椅、床铺，也因陋就简。

很长一段时间里，杨善洲和林工们带上工具，到处寻找树苗。每年的端阳花市是保山的传统节日，他就带头到花市街上捡果核，实在捡不完，就发动林工们一起去捡。没有肥料，大家就到村寨路上捡牛马猪粪作底肥……

22 年辛勤付出，默默耕耘，杨善洲带着干部群众，植树造林 5.6 万亩，为大亮山披上了绿色的外衣。他还领着大家修建公路，架设电线，让大亮山附近的人民过上了家家通路、户户通电的生活。

2009年4月，杨善洲将价值超过3亿元的大亮山林场经营管理权无偿交给国家。他对群众满怀深情，经常拿自己的工资接济困难群众，为他们买粮食、购种子、送衣被，而对自己和家人却始终严格要求，从没用手中的权力为亲属办过一件私事。

2010年10月10日，杨善洲因病逝世，走完了自己的生命旅途。不忘初心，奋斗一生，他的生命是厚重的。2018年，杨善洲被授予“改革先锋”荣誉称号，2019年被评为“最美奋斗者”。

如今的大亮山，林木葱郁，溪流淙淙。在保山市施甸县的杨善洲纪念馆里，“人民公仆杨善洲”几个红色大字格外显眼，前来学习杨善洲先进事迹的人们络绎不绝。

35 王崇伦：能工巧匠，用效率为奋斗代言

他是鞍钢初建时为数不多的年轻高级技工之一，对工作认真，对事业痴迷，对岗位热爱。在祖国建设最需要的时候，他研究生产工具，改进工作方法，提高生产效率，彰显了一代劳动模范的奋斗底色。他就是用效率为奋斗代言的能工巧匠王崇伦。

1927 年，王崇伦出生在今辽宁省辽阳市沙河区的一个贫苦农民家庭。小时候家里盖不起房子，王崇伦一家人只能住在两间破草房里。父亲王殿英靠着仅有的 3 亩薄田，维持着一家 6 口人的生活。从懂事起，王崇伦就带着两个妹妹，跟着母亲外出挖野菜、捡煤渣。

王崇伦

父亲和哥哥去世

后，十几岁的王崇伦一下子成了家里的主要劳动力。他一边上学，一边干杂活。后来，资助王崇伦上学的亲友家境也日渐困窘，他无奈辍学。于是，王崇伦便和昔日的同窗好友一起去日本人创办的昭和制铁所学刨工。由于时常受到日本工头的压迫欺侮，忍无可忍之下，王崇伦离开了昭和制铁所。之后，他考进了鞍山东洋矿机场，当起了车工。

1949 年 8 月，王崇伦在亲属的介绍下进入鞍钢轧辊厂。由于先前钢厂工作经验的积累，时年 22 岁的他一下子成为新中国成立后鞍钢为数不多的年轻高级技工之一。

那时候的王崇伦对“政治”“革命”这些字眼还比较陌生，但他知道，是共产党把老百姓从水深火热中解救了出来的。面对饱受战乱之苦的鞍钢，他决心为鞍钢新发展贡献自己的力量。

在这样的初心引领下，王崇伦在工作中常常忘我地劳动，空闲时间他则一头扎进书本，学习专业技术和文化知识。经常是还没到上班时间，他开工前的准备工作就已经全部就绪，车间的机床也被擦拭干净。到了下班时间，身边的工友陆陆续续回了家，只剩他自己围着设备研究生产窍门。

1951 年，由于工作需要，王崇伦被调到鞍钢机修总厂的工具车间。这里各种机械加工设备齐全，看着车间里密密麻麻的零部件，王崇伦心里乐开了花。

1952 年，为支援朝鲜战场，王崇伦所在的工具车间接到上级命令：为中国人民志愿军加工飞机副油箱拉杆。任务十万火急，整个车间“人停机器不停”地日夜奋战。尽管如此，车间里的生产效率还是很低，而且报废率高。眼见工期剩余不多，大家都着急起来。王崇伦也在暗暗地琢磨破解难题的方法。经过几天的苦苦钻研，他设计出一套利用刨床加工拉杆的特殊卡具，不仅成倍提升了效率，而且生产出来的全部是一级品。就这样，任务按期完成，王崇伦以他的巧作为全厂赢得了宝贵的时间。1952 年秋天，王崇伦加入了中国共产党。入党后一年时间里，他相继革新成功 7 种工具、卡具，成了全厂有名的技术革新能手。

第一个五年计划期间，我国矿山建设急需大量凿岩机，但因缺少关键零部件卡动器而导致相当一部分矿山被迫停产。卡动器是凿岩机上最容易磨损的零件，尽管体积不大，但制作工艺复杂，当时国内还没有工厂能够生产，于是试制任务落在了王崇伦所在的工具车间。

接到任务后，王崇伦没等领导发话就搞起了研究。一连搞了半个多月的攻关，在反复尝试和试验之下，他设计制造出一种工具胎。使用这种工具胎，仅 45 分钟便可加工完成一个卡动器。不仅如此，对于所有需要使用卡具加工的零件，这个工具胎都能代替，于是这项独创被大家命名为“万能工具胎”。在实际生产过程中，王崇伦仔细研究加工流程，不断创新，制造卡动器的速度不断突破，使之由先前的 45 分钟逐渐缩减到 19 分钟，是原始加工效率的好几倍。

仅 1953 年一年，王崇伦就完成了四年的任务量，被评为鞍山市特等劳模，一时间火遍全国，也因此被誉为“走在时间前面的人”。1954年2月，《人民日报》发表社论，号召全国工人学习王崇伦的先进事迹。在1959年全国群英会上，王崇伦受到党和国家领导人的亲切接见，并被毛泽东主席称为“青年的榜样”。

36 吴仁宝：中国农民第一人

作为农民，他插秧、割稻，样样拿手；作为企业家，他审时度势，准确把握经济发展动向；作为党员，他不图一己私利，一心为民；作为干部，他不惧困难，带领村民共同致富。几十年间，在他的带领下，华西村从一个有名的穷村，一步步发展为享誉全世界的“天下第一村”。他就是中国农民的杰出代表——吴仁宝。

1928 年，吴仁宝出生在华西村。他小时候家里穷，没上过几年学，很早就出来做事，放过牛、做过工，当过民兵队长和村长。1957 年，他回到村里，做了高级社第一任党支部书记。华西村是当地有名的穷村，人多地少。作为村里的基层干部，他决心带领村民摆脱贫困。

20 世纪 70 年代，他从造农田、造良田开始了致富第一步。原来的华西村地有很多，但是高产的农田不多，还被水沟隔分得七零八落。10 年间，他们把 1300 多块低产田改造成 400 多块平整的高产田，并开辟了一条华西河，满足了农田的灌溉需求。

华西村提前“开好了一条排灌两用华西河”，“建好了一片稳产高产的良田”，“实现了亩产一吨粮”，实现了“一个社会主义新农村”。

在集体经济时期，吴仁宝抢先一步。1969年，华西大队私下办了一个小五金厂。“只听机器响，不见小工厂。”不论时局如何变化，这个小工厂一直默默运作着。1979年，这个小工厂终于公开挂牌。这就是“华西五金厂”，是华西村走向工业化的大功臣。10年间，这个小工厂创造了上百万的利润，为实现华西人富起来做出了巨大贡献。

翻过“70年代造田”的一页，吴仁宝又带领华西村揭开了“80年代造厂”“90年代造城”的新篇章。吴仁宝的奋斗路从未停歇。

借着改革开放的春风，吴仁宝又开始琢磨华西村的新发展。他提出“苦战三年，目标一亿元”的新目标。目标一提出，很多人都质疑，更多的人是害怕，要想达到这个目标，那得吃多少苦。就在大家都犹豫不前的时候，吴仁宝带着村里的干部去了趟南京雨花台。在那里，他们冒着大雨，集体宣誓。这场艰苦奋斗教育让大家统一了思想。回去后，吴仁宝带头签字画押，80名承包者签下了承包合同。没想到的是，不到三年，他们就实现了一亿元的目标。

吴仁宝又带领大家乘胜追击。村里办起了纺织厂、冶金厂，又建立了百米金塔等80多个旅游景点。华西村逐渐又实现了从“三亿村”到“三十五亿”村的跨越式转变。

从20世纪80年代开始，华西村先后成为中国第一个“电话村”“彩电村”“空调村”“汽车村”“别墅村”，华西人成为人人羡慕的对象。那时候在全国流行着这么一句话，“到华西去看社会主义”。

吴仁宝一直对生活充满着自信和希望，就像一台永动机，永远散发着活力。在他的带领下，华西村的转变也从未停止。

21世纪以来，70多岁的吴仁宝依然为建设社会主义新农村不断奋斗着。从2006年开始，吴仁宝每年邀请全国1万名农村党支部书记参加交流学习班。他把他的经验撒向了全国各地，一个个“华西村”诞生了，越来越多的农民过上了好日子。

吴仁宝曾说：“让老百姓过上好日子，是我最大的幸福。”他把自己的毕生精力都献给了造福农民的伟大事业中。2013年3月，吴仁宝与世长辞。几十年来，吴仁宝带领华西村，实现了从农业样板村到农村工业化、农村城镇化再到农村现代化的一次次跨越。

37 于漪：以奋进之心，点亮教育之光

“我的理想是做一名合格的教师。所谓合格，就是不负祖国的期望、人民的嘱托。”这是全国首届特级教师、人民教育家于漪对理想的定义。她从教近70年，开设公开课近2000节，培养三代特级教师，著述数百万字……

1929年出生的于漪，从小饱受艰辛，本该美好的童年生活，却被炮火打得烟消云散。见证了国家遭受侵略、同胞被迫害的血泪现实，为民族振兴而奋斗的种子早早地在于漪心底扎根。

在炮火连天的战争岁月，于漪辗转各地求学。她先是以优异成绩考入江苏教育学院附属师范学校；但过了一年，因为学校调整，又重新考入省立淮安中学；没想到刚读了一个学期，赶上淮安中学搬迁，只好又考入刚刚复校的镇江中学，直至后来考入复旦大学。求学之路虽然波折，但每一段求学经历都让于漪结识了许多好老师。老师的言传身教对她求学、做人、教书产生了非常深远的影响。

1951年，于漪从复旦大学教育系毕业后，进入杨浦中学教

书。没有人会想到，在这所当时名不见经传的中学，一个纤弱文静的小姑娘竟会成为日后的教育大家。

新中国成立后，语文界提出了语文学科的“工具说”。“文革”后，语文教育依然十分强调工具性，甚至有纯工具化的倾向。1979 年，敏锐的于漪先声夺人，发表《既教文，又教人》一文，大胆提出语文教育要有思想内容与表达形式辩证统一的整体观念。在此后长达数十年的时间，于漪又先后多次对语文教学进行深刻剖析。20 世纪 90 年代初，于漪撰文《改革弊端，弘扬人文》，提出“工具性与人文性的统一是语文学科的基本特点”，深刻改变了语文教学的模式。

在她教过的学生中，有人在毕业十几年、几十年后，还能整段背出当时她在课堂上讲过的话、写在黑板上的板书；在她教过的学生里，有人为了“抢”到前排座位听她上课，竟不惜专门配了眼镜，冒充近视眼……于漪的语文课，就是有这样的魔力。

做了一辈子老师的她认为，一个好老师应该能够进入学生的生活世界和精神世界。不仅要教授知识，还要走进学生心中，引导学生走上正确健康的人生道路。而为了走进学生的内心，还必须“一辈子学做教师”。于漪告诉青年教师，最重要的是在实践中不断攀登，这种攀登不只是提高教育技巧，更是正确人生态度、丰富情感世界。

在新教师培训中，于漪多次引用英国小说《月亮与六便士》来阐明观点：首先心中要有月亮，也就是理想信念，去真正敬畏专业、尊重孩子，还要有学识，如此才能看透“六个便士”，看透物质的诱惑。“满地都是便士，作为教师，必须抬头看见月亮。”

从教生涯中，于漪总是想方设法让青年教师尽快成长。她首创教师与教师的师徒“带教”方法，组成教师培养三级网络——师傅带徒弟、教研组集体培养、组长负责制。在她的发掘和培育下，一批批青年教师脱颖而出，并形成了全国罕见的“特级教师”团队。

从教近 70 年，教师这个职业，寄托着于漪一生的追求与热情。

38 申纪兰：初心不变，奋斗不止

山西省长治市平顺县西沟村位于绵延数百里的太行山脉之中，由于地处峡谷，这里的地势条件和气候条件都很差。荒山秃岭，沟壑纵横，还常有极端恶劣天气，不是大旱就是洪涝。但就是这里，走出了全国唯一一位连任十一届的全国人大代表——申纪兰。

她是“共和国勋章”的获得者，但在她自己眼中，她只是一个普通的劳动女性。抗日战争时期，还未婚的申纪兰，就已经是村里的一名小组长了。她带着大家一起织布、做衣服。抗战胜利几年后，她嫁到了平顺县西沟村。

申纪兰刚到西沟村的时候，村里正建立互助组，她马上申请加入，和大家一起劳动。1951 年，村里又开始创办农业合作社，申纪兰被选为副社长。

在那个时期，像平顺县这样的山村地区，受地理环境和传统观念的影响，信息闭塞，人们的思想也比较保守，所以妇女很少出门，更别说下地干活。申纪兰却不同，她不被传统的思想所束缚，嫁到西沟村的第六天，她就走出家门下地劳动。这一点，村里人都对她刮目相看。

不仅如此，她还挨家挨户给妇女讲解“劳动才能得解放”的道理，劝说鼓励所有的女同志一起下地劳动。在她的影响下，不少妇女脱离了家里的灶台，手中的针线换成了农具，心里想着劳动最光荣，充满希望地来到田间地头，和男同志一样干起了农活。

但在申纪兰心里有个坎儿始终过不去，不管妇女干多干少，拿到的酬劳只有男劳力的一半。果然，没过几天，很多妇女因为不平等的报酬，都不愿意出门参加劳动了，妇女的劳动积极性遭受到极大的打击。

为了能把大家组织起来，申纪兰向村里和合作社提了建议，积极争取男女同工同酬。为了说服那些有意见的社员，让妇女不再受歧视，申纪兰带着被发动起来的女社员拼命劳动，还和男劳力搞起了劳动竞赛。最后，女社员赢了，妇女得到了和男劳力一样的工分，男女同工同酬实现了。

1952 年，《人民日报》刊发通讯文章《劳动就是解放，斗争才有地位》，真实报道了西沟村妇女争取同工同酬的经历，申纪兰由此被全国人民所熟知。这一年，她还被评为“全国劳动模范”。

1954 年，她当选为第一届全国人大代表，在这届全国人民代表大会上，她提出的“男女同工同酬”倡议被写入了中华人民共和国第一部宪法。

虽然成了名人，但她不改劳动本色，作风依旧朴实，劳动已经成为她不可分割的一部分。1973 年申纪兰担任山西省妇联主任时，坚决不领干部工资，不转干部身份、不迁户口，还要求每年回西沟村参加劳动。不仅如此，在省妇联机关工作的 10 年，她还经常主动打扫庭院，帮大家洗碗、擦桌子，等等。

改革开放以后，她又带领西沟村人民大胆实践，共同奔向小康致富的道路。西沟村刚实行家庭联产承包责任制时，出现了一些问题，为了大家都能获益，申纪兰在原有政策的基础上进行改革创新，最终按照“宜统则统、宜分则分、统分适度”的原则实现了优势互补。

1984 年，申纪兰到南方考察，目睹了改革开放给人民生活带来的巨大变化。1985 年，结合申纪兰外出考察经验以及当地丰富的矿产资源，西沟村开始筹建村办企业铁合金厂。为此，申纪兰忙前跑后地申请资金、找人合作，费尽了心血。后来，西沟村陆续建起了磁钢厂、石料厂、饮料厂等近十家企业。村办企业成了西沟村的经济支柱，西沟人民的生活也越来越好。

申纪兰一生荣誉无数，但她始终把自己当作人民的公仆。在她的思想里，党员就是要为人民服务。永远跟党走是她不变的初心。

39 屠呦呦：一株青蒿济苍生

1971年10月4日，在中国中医研究院的一间实验室里，研究员们耐心等待着青蒿乙醚中性提取物样品抗疟实验的最后结果。实验结果显示，青蒿乙醚中性提取物样品对疟原虫的抑制率达到100%！2015年，屠呦呦凭借对疟疾治疗做出的突出贡献，获得诺贝尔医学奖。屠呦呦自己也没想到，40多年后，青蒿素获得世界认可。一时间，这位85岁的老太太火了。

1930年，屠呦呦出生在浙江宁波。名字是父亲取的，取自《诗经》中“呦呦鹿鸣，食野之蒿”。宋代朱熹注称，“蒿即青蒿也”。仿佛冥冥之中屠呦呦与青蒿的缘分早已注定。

屠呦呦受父亲影响，从小喜欢看医书，对中草药情有独钟。后来，她如愿考入北京医学院，1955年，毕业后的屠呦呦进入中国中医研究院（今中国中医科学院）中药研究所工作。

1967年，国家启动“523”项目，研究防治疟疾的新药。1969年，39岁的屠呦呦临危受命，担任中药抗疟组组长，开始了抗疟的艰难历程。当时，国内科研水平低，很多人都不看好这个项目，但屠呦呦坚信，只要坚持就能成功。

为了不影响工作，屠呦呦不得不把大女儿送到全托班，把小女儿送回宁波老家。后来，小女儿被接回来时都不愿意叫爸妈。对此，屠呦呦心存愧疚。

屠呦呦查阅了大量医学典籍，3 个月的时间，就收集了 2000 多个方药。在第一轮药物筛选与实验中，青蒿提取物对疟疾的抑制率并不高。

到底是什么原因？屠呦呦心有不甘，又重新回到典籍中找突破口。她发现，在东晋医书《肘后备急方》中有这样的记载："青蒿一握，以水二升渍，绞取汁，尽服之。""绞取汁"给屠呦呦带来了灵感。她重新设计方案，用"低温提取"代替"煎熬"。

课题组夜以继日地研究，终于在第 191 次实验中发现了抗疟效果 100% 的青蒿提取物，并在 1972 年提炼出抗疟的有效成分"青蒿素"。

那时，中国的科研条件非常差，实验室设备简陋。为了加快提纯速度，课题组用了七个大水缸来提取青蒿乙醚提取物，刺鼻的气味充满实验室，屠呦呦也因此得了中毒性肝炎。

青蒿乙醚提取物有了，但在动物实验阶段，却出现了新的问题。有些动物出现疑似毒副作用。屠呦呦和另外两位同事自愿充当"小白鼠"，以身试药，证实药物的安全性。

经过多年努力，不断改进，在屠呦呦的带领下，课题组攻克一个个难题，圆满完成了抗疟中药的研发任务。1999 年，世卫组织将青蒿素列入“基本药品”名单，并在世界范围推广。青蒿素的发现，为世界带来了一种全新的抗疟药，也为屠呦呦带来了无上荣誉。

2015 年，85 岁的屠呦呦迎来了自己的高光时刻。“国家最高科学技术奖”“改革先锋”“共和国勋章”……荣誉接踵而至。对此，屠呦呦却十分平静，并多次表示“荣誉属于集体”。

荣誉并没有使屠呦呦停下攀登的脚步，她又将注意力放到新的问题上。2019 年，屠呦呦团队攻克了“青蒿素抗药性”难题，并发现青蒿素对治疗红斑狼疮有效果。这意味着，红斑狼疮将不再是不治之症！这一年，她 89 岁。

工作之余，她还承担着培养新时代中医药人才的任务。屠呦呦从 1981 年开始招收硕士研究生。对待学生，屠呦呦尽心尽力。直到今天，年过九旬的屠呦呦还在为培养中医药人才而不断奋斗着，这是她 90 岁以后的新目标。

青蒿是一种很常见的植物，它低调、不慕名利，看似普通的外表下却蕴含着治病救人的无穷力量。屠呦呦就像青蒿一样，淡泊名利，却为抗疟事业做出了巨大的贡献。

40 袁隆平：奋斗，为了让所有人远离饥饿

他一生以满足祖国和人民的需要为己任，以奉献祖国和人民为目标，一辈子躬耕田野，为民谋稻粱。他就是袁隆平。

1930 年出生的袁隆平，从 1964 年从事杂交水稻研究开始，就将他的人生都奉献给了这项事业。

20 世纪 60 年代初，青年时期的袁隆平亲历了自然灾害和饥荒给人们带来的伤害，下定决心开始研究高产水稻。

在安江农校工作期间，一次偶然的机会，他发现了一株特殊的水稻，稻穗饱满下垂，形态极佳。他心里盘算了一下，如果用它做种子，水稻的亩产会不会更多？

水稻成熟后，他将这株水稻的稻粒留下来，第二年春天一一播种，但禾苗抽穗的结果却并不如他所愿，第三年播种后长势更差。

他坐在田埂间失望地望着稻株，突然，他想到，这会不会是一株天然的杂交水稻？如果是这样，那么通过人工的方法就可以培育杂交稻种，毕竟杂种优势是生物界的普遍规律。

水稻是自花授粉植物，在当时，学界认为自花授粉植物杂交是没有优势的。但袁隆平并不这么想，他决定挑战权威，证实自己的设想。

根据天然杂交水稻的启发，袁隆平设想通过培育雄性不育水稻，使之与常规水稻授粉，从而生产出大规模杂交稻种。由于水稻花器官很小，又是自花授粉，人工授粉无法满足大面积生产需求。为此袁隆平设想通过培育雄性不育系、雄性不育保持系、雄性不育恢复系“三系”配套方法来代替人工授粉，从而达到大规模生产杂交稻种的目的。

经过反复的试验和研究，袁隆平撰写出具有划时代意义的论文《水稻的雄性不孕性》，并于1966年发表于中国科学院出版的《科学通报》上。

1970年的一天，袁隆平和他的团队在海南一处沼泽地发现一株雄性败育的野生稻，被袁隆平命名为“野败”。1972年，袁隆平和他的团队成功培育出雄性不育系和雄性不育保持系，到1973年，又攻克了雄性不育恢复系难题，实现“三系”配套。1974年春天，我国第一个强优势杂交稻“南优2号”喜获丰收，平均亩产超千斤。

我国从1976年开始大面积推广杂交水稻种植，成为世界上首个在生产上利用水稻杂种优势的国家，而国际上也将杂交水稻在生产上的大面积成功应用称为“第二次绿色革命”。

“三系法”虽然取得成功，但制种程序繁复，培育成本高。袁隆平深知，要想扩大优势提高单产，寻求更大的突破，还需要改进现有的培育方式。

袁隆平根据已掌握的研究成果，于1985年提出了“两系法亚种间杂种优势利用”的设想，可以简化培育程序，降低成本。1987年，袁隆平发表重要论文《杂交水稻的育种战略》，将杂交水稻的培育分为三个“优势利用”战略发展阶段。到1995年时，我国两系法杂交水稻研究取得成功，产量质量均有大幅提升。

2020年11月，在湖南省衡南县第三代杂交水稻新组合试验示范基地，工作人员测得晚稻加早稻平均亩产超过1500千克。袁隆平和他的团队再次刷新了世界纪录。

为了向全世界推广杂交水稻，袁隆平担任联合国粮农组织首席顾问，先后赴世界各国指导杂交水稻种植技术。

2021年5月22日，这位科学巨擘与世长辞。即使身处重病之中，袁隆平最牵挂的还是科研，还在叮嘱学生要把杂交水稻事业发展好。直至生命的最后一刻，他依然在奋力燃烧自己，烛照后学。

禾下乘凉梦，一梦逐一生。袁隆平说：“我毕生的梦想，就是让所有的人远离饥饿。”老人虽已远去，但梦想的光芒依然闪烁。

41 陈金水：三赴西藏，为中国气象事业而奋斗

1956年至1981年，他第一次走进西藏，从藏南转战藏北，整整25年。

1988年至1992年，他再次远赴雪域高原，战斗在藏东昌都，共5年。

1993年至1995年，他三上高原，重回昌都，又是3年。

这是我国著名气象学家陈金水的人生轨迹，也是他在中国气象事业上的奋斗历程。

1956年，22岁的陈金水从北京气象学校毕业。成绩优异的他本可以留在北京工作，或者回到家乡浙江，但是他选择了遥远的西藏。因为他心里明白，西藏气候独特，那里需要气象工作者。于是，他毅然来到雅鲁藏布江畔的泽西，一干就是9年。

1965年9月，陈金水被调到藏北唐古拉山上的安多，创建一个新的气象站。安多是西藏的“北大门”，海拔高，昼夜温差大，是有名的风城、雪域。在那里建气象站，绝非易事。

他和同事滕建民先搭起了帐篷，既把它当“家”，又当“办

公室”，这是艰苦创业迈出的第一步。

经过考察，陈金水选择将气象站建在县城后面的山坡上。他们挥动铁镐，砸开坚硬如石的冻土。因极度缺氧，每挥一次铁镐，就要喘上一会。在几个当地民工的帮助下，终于平整出625平方米的标准气象观测场，安好了白色的围栏，装好了百叶箱，竖起了10米高的风向杆。

1965年10月，安多气象站拔地而起。这是迄今为止全球海拔最高的一个气象站，被誉为“天下第一气象站”。

气象站建成后，其他人都走了，陈金水却选择留了下来。他一个人面对着荒凉的大山，与风雪为伴，同星辰对话，度过了漫长的一年。一年之后，陈金水终于迎来了他的助手——他的新婚妻子刘晓云。从此，唐古拉山上的安多就成了陈金水夫妻二人的家。

夫妻俩工作、生活都在气象站，常年吃不到新鲜的蔬菜，水烧不到100度，条件十分艰苦。他曾对妻子说：“谁让我们选择了世界上最高的气象站，我们就要比别人承受更多的磨难。”他们所承受的磨难远不止这些。

1969年，站上来了位新同志，陈金水把唯一可以挡风避寒的帐篷留给了新同志，自己动手在山坡上挖出了一个12平方米的地窨，开启了穴居生活。

后来，为了改善居住环境，陈金水带领大伙开山采石。经过两年多的努力，他们在气象站的山坡上盖起了7间土石平房。陈金水也告别住了3年的“洞穴”，与同事们一起搬进了新房。

为解决吃水问题，他带领同事们在气象站附近的山坡上打井，于是气象站也有了清澈甘甜的泉水。

气象站条件差，来的人多，走的人也多。自治区气象局多次想调陈金水回拉萨，但为稳住“军心”，他都主动放弃了。他说：“创业难，守业更难。这块气象事业的空白，好不容易才填上，如果我也想走，你也想走，这个‘天下第一气象站’还要不要？我们再不要给党和人民的事业留下空白。”陈金水在这里一守就是16年。

在安多气象站工作，最难的是测数据、填气象报表。一天，安多遇到罕见的沙尘暴，外面一片昏黄。眼看观测时间就要到了，陈金水毫不犹豫地冲进了观测场。砂石打在脸上来不及挡，狂风吹得站都站不住。陈金水跌跌撞撞，把仪器中的“自记纸”一张张替换下来，掖进怀里。这样的天气在安多非常常见。

陈金水风里来、雨里去，日复一日地观测数据，记录数据。为保证观测正常进行，陈金水付出了巨大代价。一天夜里，陈金水突然感觉下肢剧烈疼痛。经诊断，他得了脉管炎，双脚不能落地。可他每天还是一拐一瘸地往返于办公室和观测场。

在1976年到1977年的一年里，陈金水连续值了188个班，一天观测4次，包括风向、风力、雨量、温度、地温、蒸发量等上百个数据，一年共记录数据数万个，无一差错。

1981年，身患多种高原疾病的陈金水不能再待在西藏了，被调回了老家。可是没过几年，西藏再一次向他发出了呼唤。

1988年国庆节刚过，他就来到了西藏的最东部——昌都。

陈金水笑着对大伙说："我这一辈子，就像个'守门人'，安多是西藏的北大门，这回又到了西藏的东大门。"在这里，陈金水又守了 5 年。

1993 年 2 月，昌都地区气象台的工作遇到困难，再次要求陈金水重新工作。他二话没说，又一次担当起昌都地区气象台党委书记的工作。

三年后，陈金水从西藏昌都乘飞机返回浙江老家。这一年，他已经 61 岁了。从飞机的舷窗望去，他看到了连绵的雪山、冰川，那是他为之奋斗了一生的壮丽高原。

有人说，在唐古拉山，只要能坚持工作，就是一种牺牲，就是一种奉献。陈金水却在雪域高原上默默奋斗了 33 年，从青丝到白发，把自己的热血洒在了雪域高原，把青春献给了祖国的气象事业。

42 侯殿禄：誓要“断清家务事”的司法助理

在甘肃省武威市古浪县，人们将有威望的老人尊称为“爷”，83岁的“侯爷”是当地的名人。这位“侯爷”十几年如一日，推着一辆破旧的自行车，在偏远山乡间奔波，倾听家长里短，化解情仇恩怨。他就是侯殿禄。

侯殿禄1954年参军，1956年加入中国共产党，复员后回到了家乡古浪县。1986年，已经50岁的侯殿禄担任了黑松驿镇司法助理员，一干就是14年。

人们常说“清官难断家务事”，干好司法助理员，可不是一件容易的事。而他却说：“老百姓的事，没人管可不行。我吃司法助理员这碗饭，就要断清家务事，解决好民间纠纷。”侯殿禄每天面对的就是这些“家务事”。从离婚纠纷到赡养老人，从邻里关系到债务纠纷，别看这些是小事，但在他心里，百姓的事无大小，如果处理不好，轻则伤和气，重则大打出手，甚至会闹出人命。每一项工作他都投入极高的热情去做。

刚上任没几年，他就参与了一起离婚案的调解。家住黑松驿镇张家河村的一对小夫妻，刚结婚不久，由于两人互相了解不多，很快就产生了矛盾，为了离婚还上了法庭。眼看着一个小家庭就要破裂，侯殿禄第一时间来到小两口家做工作，却遭遇冷落。但他没有放弃。调解期间，他无数次奔波于男女双方之间，苦口婆心地一遍遍做工作。功夫不负有心人，夫妻二人在侯殿禄的调解下，消除了隔阂，和好如初，还开起了商店，很快成了当地的致富能手。事情已经过去快 30 年了，但一提起“侯爷”，小两口内心充满了感激。

夫妻矛盾是村里的常事，另一个很常见的纠纷就是赡养老人的问题。养老尽孝是中华民族的传统美德，但在基层农村，子女不孝的事情屡见不鲜。

当地有一名老人，为子女操劳一生。可是，儿子刚结婚不久，就开始嫌弃老人，并把老人撵出了家门，老人只好到女儿家。乡亲们议论纷纷，指责老人的儿子儿媳不孝顺。

很快，这件事传到了侯殿禄的耳朵里。侯殿禄了解了情况后，第一时间把老人的儿子儿媳请过去，给他们讲亲情、讲法理。在侯殿禄的批评教育下，小两口跪在老人面前认了错，并把老人接回家里。

然而，并不是每件事都这么顺利，侯殿禄也有碰壁的时候。曾经有一位民办教师，在办学过程中，因为与邻居闹了纠纷，腿上被扎了几锥子。侯殿禄急了：“娃们读书是大事，打老师，这还了得？”他苦口婆心，调解了半天，邻居一句“你凭啥处理，我犯了哪条？”就把侯殿禄堵得哑口无言，最后不得不请法院的人帮忙，才把问题解决。通过这件事，侯殿禄自我反思：要想当好司法助理员，光靠热情是不够的，最根本的还是要依法调解。

于是，他发奋学起法律来。侯殿禄文化程度不高，再加上年龄大，学习法律可想有多难。可他凭借着韧劲儿，不断坚持。从《刑法》到《婚姻法》，再到《民法通则》等，只要跟农村有关的，他学了一遍又一遍。法律学会了，调解纠纷也更加得心应手了。

侯殿禄日复一日地做着看似平凡、极其琐碎的事，靠着“妈妈心”“婆婆嘴”“媳妇腿”，在党和人民群众之间架起了一座“连心桥”。

慢慢地，侯殿禄的名气大了，人也更忙了。“有难缠事找侯爷”，很多人主动上门请求他调解矛盾。14 年间，他共调解各类民间纠纷 600 多起，调解成功率达到 98.8%。在他的努力下，先后有 30 多位被子女虐待的老人得到妥善安置，100 多对面临离婚的夫妻重归于好。

如今，“侯爷”已经 80 多岁了。退休后的他，继续坚持学习，并时刻关注着古浪县的人民，时刻关注着黑松驿乡父老乡亲的安宁和稳定。

“司法行政系统一级英雄模范”“第一届全国十佳基层法律服务工作者”，这些都是侯殿禄扎根基层、服务基层得来的荣誉。他又入选“改革开放 40 年感动甘肃人物”。

面对荣誉，侯殿禄说：“成绩只能说明过去，而共产党人肩负的历史使命任重道远……我是一名共产党员，不忘初心、牢记使命，为党和国家的事业奋斗终生是我的本分。”他这一辈子引以为豪的不是这些荣誉，而是为老百姓干了一辈子实事。

43 王启民：一生奋斗，为祖国“加油”

他被誉为“新时期铁人”，从参与波澜壮阔的石油大会战，到为油田年产原油5000万吨以上提供科技支撑，再到新时期探索油田开发先进技术，他不断挑战油田开发极限，助推大庆油田创造世界同类油田开发的奇迹。王启民，将自己一生的澎湃激情，都投入到为祖国源源不断“加油”的青春事业中。

1959年9月26日，松基三井首次喷涌出工业原油，标志着我国成功勘探出大庆油田。而9月26日，恰好也是王启民的生日，人们甚至说，他是为石油而生的。说来也是机缘巧合，上大学时考虑到热门专业竞争压力大，所以王启民选择了冷门的石油专业，考入北京石油学院学习。

新中国成立之初，我国重工业面临严峻考验，其中石油缺口尤为严重。王启民在大学期间逐渐认识到自己未来肩上的责任。

1960年，大庆石油会战已经拉开序幕，此时尚在北京石油学院上学的王启民来到刚开发的大庆油田实习。他刚到大庆油田的时候就被深深震撼了，参加会战的工人有好几万，自然环境恶劣不说，生活还异常艰苦，有时候连基本的生活保障都难以维持。工人们住的是地窨子，吃的是窝窝头，好多设备都是人拉肩扛，但为了给国家找石油，工人们从来没有叫苦叫屈。

“既然是命中注定的缘分，那我就哪也不去，就在大庆为祖国献石油。”和大庆油田同一天生日的王启民，1961 年一毕业，就毫不犹豫地选择了重返大庆油田。

此后，油田技术开发的每一个关键节点，都有他瘦弱而刚毅的身影。没有汽车，他就靠着两条腿，白天走遍考察点收集情况，晚上回来汇报开会，会议结束后又要继续着手准备写材料，写完以后刻蜡版，再油印装订，忙碌完天都亮了。

油田开发初期，国内没有大庆这种大型陆相砂岩油田开发的经验，开发一度陷入困境。当时的外国专家曾断言，中国靠自己的力量开发不了这么复杂的油田。这句话深深地刺痛了王启民，他写下一副对联贴在门上：“莫看毛头小伙子，敢笑天下第一流。”横批“闯将在此”。王启民心想，一定要靠我们自己的力量，闯出一条油田开发的好路，为祖国争光，为民族争气。

但随之而来的是接连不断的挑战。当时国内普遍采用“温和注水”的方法开发油田，但这种方法容易造成油井含水上升快，使得原油采收率极低。长此以往，将对油田造成极大破坏。针对大庆油田地质构造复杂的状况，王启民提出以“非均匀”注采理论替代“温和注水法”的大胆构想。王启民在一口已经废弃的油井上反复试验，最终这口井的日产量迅速恢复并升高。经过不断试验，一批油井应用“非均匀”注采理论后成为百吨高产井。

石油开发已经有了长足进步，但王启民依旧没有放缓实践探索的步伐。同事们说他像个油痴，浑身冒“傻”劲，专下“笨”功夫。20 世纪 70 年代，国家对原油的需求量猛增，国内开采程度也在不断加大，油井平均含水明显上升，油田开发又一次面临严峻考验。王启民二话不说，直接和身边的同事住进了油田中区西部试验区。

白天，他们带上干粮到井上调查，搜集资料，晚上回来进行分析比较，画油水变化曲线，确定需要采取措施调整的井号层位，编写施工设计，常常干到半夜。为了核准每一个数据，画准每一条曲线，搞清地下油水每一个微小的变化，王启民在不到 9 平方千米的试验区，吃住在地层的夹缝里。由于环境恶劣，他早早地患上了类风湿强直性脊柱炎，疼得走路都直不起腰。

十年磨一剑，王启民终于绘制出了大庆油田第一张高含水期地下油水饱和度图，揭示了油田各个含水期的基本规律，发展形成了“六分四清”分层开采调整控制技术。1976 年，大庆油田年产原油量超过 5000 万吨。

为接续高产稳产，王启民又把目光瞄向了表外储层，这是被国内外学界认定为“废弃物”的油层。在一次次失败的质疑声中，王启民坚持带队试验，对 1500 多口井逐一分析，在 4 个试验区 45 口井进行试油试采，终于找到了开发表外储层的“金钥匙”。这项技术使得大庆油田新增地质储量 7 亿多吨、可采储量 2 亿吨，相当于又找到了一个大油田。

2019 年，“新时期铁人”王启民被授予“人民楷模”国家荣誉称号。这位油田之子，一生只做一件事：为祖国献石油。他用自己的实际行动完美诠释了大庆精神、铁人精神的深刻内涵。

44 林俊德：奋斗到生命最后一刻的院士

20世纪50年代初，新中国成立初期，为打破帝国主义的核垄断和武力威胁，党中央决定开发核武器。1958年9月，中国核试验基地在新疆正式筹建，因基地所在戈壁滩上生长着马兰花，又称马兰基地。几十年来，基地官兵扎根荒漠戈壁，“艰苦奋斗、开拓创新、大力协同、无私奉献”，造就了一大批科技精英，其中不乏“院士群体”。

林俊德是众多从马兰基地走出来的院士之一，但没有多少人知道他。他一辈子“甘做隐姓埋名人”，坚守在罗布泊，参与了中国全部的核试验任务。

林俊德一辈子有三个没想到：上大学、做将军、当院士。他出生于贫苦家庭，从小就很用功读书，靠着助学金上完了中学、大学。他在大学里就立下宏志：用知识报效祖国。从浙江大学机械系毕业后，林俊德携笔从戎，扎根茫茫戈壁大漠，从事核试验相关工作，从此他的命运也跟国家命运紧紧连在了一起。

在核试验工作中，林俊德负责测量爆炸瞬间的冲击波数据。核试验初期，设备匮乏，测量仪器需要自己研制。

1964年10月16日15时，伴随着罗布泊的一声巨响，蘑菇云腾空而起，我国第一颗原子弹爆炸成功。那一瞬间，林俊德内心也异常紧张。他不知道自己研制的仪器能不能收集到准确数据。结果证明，林俊德用自行车轮胎、闹钟等“改造”的土方法成功测量到冲击波数据，证明了核爆炸。那时候，他26岁，从浙江大学毕业才4年。

1966年底，他又参与了第一次氢弹原理性试验。为了获得冲击波数据，仪器要在零下60摄氏度的低温下工作。为了创造低温环境，他和同事们背着仪器，爬上海拔近3000米的山顶进行实验。晚上，山顶温度达到零下20多摄氏度，大家的手冻僵了，脚麻木了，身子不停哆嗦。

林俊德一辈子都和炸药打交道。为了拿到第一手资料，他经常要在核爆后第一时间去抢收数据，每次总是尽可能地离爆炸点近一点。

从1964年第一颗原子弹爆炸，到最后一次地下核试验，42次春夏交替里，林俊德参与了45次核试验，这是期间我国进行的所有核试验。

他总是能提前完成既定任务，因为他一年只休息三天：大年初一、初二、初三。平日里，一天24小时他至少有一半时间都在工作。在林俊德的观念里，努力不分年龄。年过七旬时，他还在全力负责国防科研项目。

2012年5月4日，林俊德被确诊为胆管癌晚期。得知自己生命进入倒计时，他为科研任务还未完成而难过。就在生命的最后一刻，林俊德在戴着氧气面罩的情况下，仍然坚持工作，不肯躺下，他怕躺下就起不来了。

2012年5月29日，林俊德身体内出现大面积肠梗阻，医生建议手术，他说：“不要勉强我，我的时间太有限了。”5月30日，他的病情再次恶化，医生说如果再不动手术，很难熬过明天，但他仍然坚持工作。他说他需要的是时间而不是手术。

2012年5月31日，是林俊德生命的最后一天，但这距离确诊还不到22天。那天，他不到8点就要坐起来工作，他要求，请求甚至哀求，想尽各种办法下床工作，两个小时里，他求了9次。大家实在不忍心拒绝他最后的愿望，他终于被放下地。

大家建议他上床去休息，躺着工作要舒服些。可他始终不肯，说：“我要工作，不能躺下，一躺下就起不来了！”这也是他在最后时刻说得最多的一句话。

两个小时后，他终于累得再也支撑不住，回到了病床。最后的5个小时，他陷入了昏迷，但嘴里还不时念着“ABCD”“1234”，这些都是他在电脑里给文件夹排的次序。这一躺下，他再也没能起来。

5月31日20时15分，林俊德病逝在工作岗位上。他在病床上完成了人生的最后冲刺。生命的最后时刻，林俊德仍在反复嘱咐身边的学生和家人，办公室里还有哪些资料要整理，密码箱怎么打开，整理时要注意保密，却没给家人留下一句话。

林俊德的战场没有生死离别，没有枪林弹雨，但他还是战斗到了生命历程中最后一刻。临终前，林俊德要求死后葬在马兰。罗布泊边缘的马兰，是他最惦念的地方。在那里，他和所有人一样，“勇干惊天动地事，甘做隐姓埋名人”，用生命的光和热，为共和国创造出太阳和惊雷。

45 樊锦诗：守住前辈之火，点亮敦煌之路

有一位姑娘，她不畏困难，从未名湖来到了莫高窟；有一位老人，她把半生献给了茫茫大漠，只为守住前辈的火；有一位学者，从青春到白发，一生就干一件事：研究、守护敦煌。她就是敦煌研究院名誉院长樊锦诗，被誉为“敦煌的女儿”。

樊锦诗，浙江杭州人，1938 年 7 月出生于北平。受父亲影响，她从小就对艺术产生了浓厚的兴趣，喜欢去博物馆、美术馆。20 岁时，她考入北京大学历史系考古专业。

樊锦诗（左）

樊锦诗对敦煌这座艺术宝库神往已久。1962年，她和其他3名同学决定到敦煌研究院实习，想借此机会去看看这个神秘的地方。

见到敦煌的第一眼，她就被那些精美绝伦的壁画、雕塑彻底震撼了。她和同学们连连感叹："哎呀，太好了，太美了！"

然而，比洞内更震撼的是洞外的艰苦生活。莫高窟位于甘肃省最西端，气候干燥，到处都是沙土，还缺水缺电。这位生活优渥的"娇小姐"哪里受过这样的苦，几个月下来，便因为水土不服不得不提前结束实习。

时隔一年，毕业分配工作时，敦煌研究院到北京大学要人。樊锦诗成为学校分给研究所的两名同学之一。父亲舍不得女儿去那么远的地方受苦，特地给学校写了一封信，希望可以重新分配工作。樊锦诗说："祖国的需要，就是我的志愿。"于是，她偷偷把信留了下来。

1963年9月，樊锦诗毕业后再一次来到敦煌研究院，她的命运便一辈子和敦煌连在了一起，一待就是半个多世纪。

其实，从一开始，樊锦诗并没想长期留在敦煌。她与未婚夫彭金章约定，3年后就申请调去武汉。可天不遂人愿，3年期满后调回武汉的想法破灭了，但两人还是在1967年结了婚。自此，夫妻二人也开启了长达19年的分居生活。

两个儿子出生后，樊锦诗为了工作不得不把孩子送到丈夫彭金章身边。丈夫一边工作，一边当起了"超级奶爸"。每每提到孩子，樊锦诗都心头一酸，觉得愧对家庭，尤其是孩子。

她也曾努力争取调到武汉大学工作，但一直没能如愿。直到1986年，领导终于同意了，然而她却犹豫了。20多年里，敦煌早已成为樊锦诗生命中的一部分。她任性地对丈夫说："反正我不走了！要不你来吧！"彭金章妥协了，他放弃了武汉大学历史系副主任、考古教研室主任职务，来到了敦煌。樊锦诗说："这样的男人打着灯笼也难找。"正是丈夫的"纵容"，才成就了"敦煌的女儿"。

1998年，樊锦诗成为继常书鸿、段文杰之后的第三任"敦煌守护神"。当地政府提出让莫高窟上市，进行商业开发，樊锦诗坚决反对让莫高窟变成"摇钱树"。那段时间，她在北京、兰州两地频繁奔波，才平息上市风波。她说："如果莫高窟被破坏了，那我就是历史的罪人。"

2003年，65岁的樊锦诗首先提出了"数字敦煌"的概念，利用数字技术为每一个洞窟、每一幅壁画、每一尊彩塑建立数字档案。经过10年的努力与坚持，2013年，莫高窟数字展示中心终于竣工。2016年，"数字敦煌"资源库正式上线。自此，全世界的人都可以通过网络免费欣赏敦煌的美。这一年，樊锦诗已经78岁高龄。

从青春少女到满头华发，她守望半个多世纪，平生只做一件事：为研究、保护和弘扬敦煌文化而不断奋斗。她"择一事，终一生"的精神不断激励着一代代学者扎根敦煌，潜心工作，为保护我国的艺术瑰宝做出努力。

46 蒋筑英：从不停下“追光”的步伐

“一个人总应该有信仰，人活着不能只为自己过好生活，而要为社会负责。”这是蒋筑英在给父亲的家书中写下的话。他是一位“追光者”，在中国光学事业的前沿奋斗终生，忘我工作。哪怕病魔来袭、腹痛剧烈之时，他依然强忍病痛，继续工作，创造出我国光学史上一个又一个奇迹。

1938 年，蒋筑英出生在浙江杭州一个普通的职工家庭。那时没有谁会想到，他未来有一天会成为著名的光学专家。

新中国成立初期，蒋筑英和大多数孩子一样，在红旗下沐浴新风幸福生活，见证新中国的成长。但不幸总是来得那么突然。1954 年，父亲因历史问题被判入狱，年仅 15 岁的蒋筑英遭受到了精神和生活上的双重打击。

虽然生活十分艰辛，但蒋筑英没有怨天尤人，而是通过努力学习来改变困境。1956 年，蒋筑英以优异的成绩拿到了北京大学物理系的“门票”。在北大读书期间，蒋筑英非常用功，在完成专业课的同时，还掌握了英、法、俄、日、德五门外语。

由于家庭困难，蒋筑英硬是凭借奖助学金完成了自己的学业。

大学毕业前夕，母亲给蒋筑英写信，希望他毕业后能回上海或者杭州工作。但他尽力说服母亲，坚持自己的选择，前往长春进行光学事业研究，成为我国著名光学科学家王大珩的研究生。

1965 年，蒋筑英和他的团队克服重重困难，研究制造出中国第一台光学传递函数测量装置，这时的蒋筑英只有 27 岁。之后他们又一起设计了中国第一台电子分色机的分色特性和镀膜要求，在此基础上解决了国产镜头研制工作中的许多关键性技术难题。

20 世纪 70 年代初期，我国国产彩色电视机颜色失真严重，复原技术极其落后。蒋筑英又在导师王大珩的指导下，提出彩色复原质量问题的新方案，经过反复试验验证，最终成功解决了攻关的技术难题，色彩鲜明、清晰的彩色电视画面重新呈现在人们眼前。

此后，蒋筑英又在光学传递函数研究方面取得一项又一项重要成果，解决了国产镜头研制过程中面临的许多关键性技术难题。

据蒋筑英的妻子回忆，蒋筑英从未陪她度过一个完整的周末。每到周末，蒋筑英总是让自己带着孩子去哥哥家玩，而蒋筑英则泡在实验室。富有饱满的进取精神和淡泊、坦荡的高尚品格，是身边同事对蒋筑英的一致评价。同事评价他说“头勤嘴勤手勤腿勤，有追求”。

对待工作极其严苛的蒋筑英，生活中则很淡然。一生淡泊名利，从不为名为利争抢。研究所新建一批房子，给蒋筑英分配了一套，而他却三番五次地拒绝，说还有更需要帮助的同志。上级几次提起升职和涨工资，他却主动打报告说自己往后排。他一次次帮助同事修改论文，但是在发表时却坚持不要添上他的名字。对一些珍贵资料，蒋筑英从不独占，总是慷慨地贡献出来，分享给身边的同事。

1982 年 6 月，蒋筑英赴成都验收 X 射线天文望远镜空间模拟装置时，由于工作劳累致使病情恶化，经抢救无效在成都去世，年仅 43 岁。去世之后，他被追认为中国共产党党员，又被国务院追授为全国劳动模范。

信仰照亮追光之路。这位为中国光学事业奋斗了 20 多年的“永动机”停止了，他的精神却长存。

47 吴登云：帕米尔高原上的“白衣圣人”

在新疆的帕米尔高原上，有一位被称为“白衣圣人”的医生。他22岁入疆，25岁输血救人，30岁植皮救人……他的事迹家喻户晓，他就是吴登云。

吴登云是新疆维吾尔自治区乌恰县政协原副主席、县人民医院原院长。1963年，他从江苏扬州医学专科学校（今扬州大学医学院）毕业。一毕业，他就自愿来到了新疆。从此，扎根帕米尔高原，致力于改善当地医疗卫生环境，一干就是几十年。

吴登云

吴登云说：“小时候家里很穷，在大家的帮助下我才能上学，我应该好好报效党和国家。”正因如此，到新疆后，吴登云申请到最边远、最艰苦的地方工作。

乌恰县地处我国最西端，海拔高，风沙大，紫外线强，自然环境十分恶劣，医疗条件也很差。吴登云刚到乌恰县医院时，全院只有 3 名医生。在这样的环境中，吴登云并没有退缩，而是克服重重困难，为治病救人不断努力。

关于吴登云治病救人的故事，高原上的百姓说都说不完。

1966 年冬天，一位患功能性子宫出血的柯尔克孜族妇女住进了乌恰县人民医院，脸色苍白，双眸无神。吴登云判断，必须输血治疗。然而，简陋的医院怎么会有血库？望着奄奄一息的病人，吴登云决定抽自己的血。鲜血流进了病人的血管里，病人的眼睛有神了，说话也有力气了。这是吴登云第一次献血。在边疆工作期间，他先后无偿献血 30 多次，总计 7000 多毫升，超过了一个成年人全身的血量。他的血一次次流进了高原人民的身体里。

他还曾经割取自己腿上的皮肤抢救烧伤的婴儿。那是 1971 年 12 月的一天。波斯坦铁列克乡一个两岁的婴儿在玩耍的时候，不慎掉进了火堆，被严重烧伤。婴儿的父亲买买提心急如焚，抱着婴儿，骑着骆驼，走了两天，才到了乌恰县人民医院。吴登云急忙为婴儿做了检查，婴儿全身超过一半的皮肤都被烧焦了，危在旦夕。吴登云看到生命垂危的婴儿，心里非常难受。

他全力以赴抢救婴儿。经过十多天的抢救，婴儿终于度过了危险期，转危为安。但是想要彻底治愈婴儿，就要对烧焦的皮肤进行植皮。吴登云面临的最大困难就是寻找合适的皮肤。

吴登云首先想到了鸡皮，但手术没有成功。吴登云非常失望，在失望之余，他把目光投向了婴儿的父亲买买提。但是，对于缺乏医疗知识的买买提来说，这简直不可思议。买买提被吓得连连后退。

最终，吴登云决定用自己的皮肤来救助婴儿。在场的人员听到吴登云的想法后，都惊呆了，并坚决反对他的想法。同事们都不配合他，吴登云只好自己动手。他用一把刮胡刀的刀片，亲手从自己的腿上割下来13块邮票大小的皮肤，并移植到婴儿身上，婴儿得救了。

如今，这名婴儿已经成家立业。每次提到自己被救的事情，总是热泪盈眶。

从20世纪60年代到80年代末，吴登云每年都要花三四个月时间到牧区巡诊和防疫。他几十年如一日，骑着马，背着药箱，足迹踏遍了乌恰县的各个村庄，竭尽全力救治每一位病人。他为草原人民的生命健康不断奔波，人们亲切地称他为“白衣圣人”。

吴登云一天天变老，早已淡忘那些献血、割皮救人的故事。然而，却越来越想念家乡。家乡扬州医学院附属医院也曾经向他发出过邀请，希望他能回去工作。但是吴登云还是舍不得离开乌恰县，那里的老乡需要他。吴登云最终选择留了下来。

如今，吴登云已经年过八旬，虽然已经早早退休，但仍然为边疆的医疗事业发展而不断奋斗着。2019年，吴登云获得“最美奋斗者”荣誉称号。

48 刘让贤：为高原教育奋斗一生的优秀教师

在四川、青海等地的大山里生长着一种黄艳艳的小花，叫冬花。它盛开在严冬时节，在冰天雪地之中尤为常见。《大山的冬花》是青海省互助土族自治县什巴小学原校长刘让贤编著的一本书。“雪积冰坚，款冬偏艳”的冬花正是刘让贤品格的真实写照。

在互助土族自治县，说起刘让贤，没有不竖大拇指的。他如冬花般扎根土乡，为山乡的教育事业做出了杰出贡献。

1956 年，15 岁的刘让贤随母亲响应党和政府“支援边境、建设边疆”的号召，来到青海。三年后，刘让贤高中毕业，是土乡少有的文化人。母亲带家人回了天津，刘让贤却坚持留了下来，成为陶家寨村的一名小学教师。踏上乡村小学土讲台的那一刻，他的生命就跟高原上的孩子们紧密联系在了一起。

1977 年，刘让贤被调到东山乡什巴小学，担任校长。刘让贤的“地位”提高了，工作的地方也更高了。东山乡非常偏僻，到处都是山头和山沟。东山乡什巴小学所在的寺儿村，海拔高，经济落后，交通不便，还缺水缺电。

上任第一天，刘让贤在老村长的带领下来到什巴小学。出现在他眼前的是破败的院落、几排土台子搭的教室。老村长恳切地说："这就是什巴小学，山上苦，将就些吧。今后全靠你啦！"

那天晚上，刘让贤躺在土炕上久久不能入睡，想着老村长的话，暗暗下定决心，再苦再累，也要把什巴小学办好。

什巴小学距离刘让贤家有 15 千米多的山路。为了全身心投入到工作中，他在学校住了下来，一住就是 22 年，直到退休。

刘让贤的办学道路就像东山乡崎岖的山路，十分艰难。因为贫穷，很多人不愿意送孩子上学，有超过一半的适龄儿童不能走进校园。刘让贤白天给孩子们上课，晚上就去挨家挨户地动员。刚开始的时候，很多村民都不理解。

为了让一名土族女孩上学，刘让贤竟跑了 11 次。在第 11 次登门时，家长实在是被"缠"急了，答应让孩子去上学，但扔出一句话："娃娃你可以领走，学费一分也没有！"刘让贤立刻把孩子领到了学校，并帮她垫付了学费。几年间，为了动员适龄儿童入学，他走破了好几双布鞋。

村民们渐渐明白了："原来他是为了咱土乡人，为了咱的娃。"他们开始出钱、出力帮助刘让贤建学校。山腰的地变平了，一所新学校拔地而起，来读书的孩子也越来越多。

学校买不起课外书，为了让入学的孩子开阔眼界，刘让贤就趁着去县里开会的机会将人们丢弃的废报纸、烟盒、糖纸收集起来，整理好，带回山上。

为了彻底改变山区的贫困面貌，培养孩子们成为建设家乡的接班人，刘让贤决定自己创办报纸，开拓孩子们的思维。于是，1983 年，青海省第一份少先队油印队报《土乡红领巾》诞生了。这份不起眼的小报成了连接山里和山外的桥梁。土族少年们纷纷通过报纸诉说着山里的故事。山外的孩子认识了这群活泼可爱的土族少年，知道了“什巴小学”，来自山外的衣物和学习用品也渐渐多起来。

为了让孩子们懂得感恩，刘让贤号召孩子们通过自己的努力帮助别人。他组织学生开展“捡一斤废铁、拾一斤杂骨、回收一只酒瓶”的活动，并把赚的钱寄出去，帮助别人。后来，他又将活动拓展为“付一份劳动、做一件好事、献一份爱心”的“三个一”方案，孩子们收废品、挖冬花、捡杂骨，用攒起来的钱资助贫困同学，帮助贫困家庭。

慢慢地，“什巴小学”成为各种捐款名单里的“常客”，孩子们参与到支援灾区、抢救大熊猫、修缮长城等捐助活动中。尽管数额不多，但是那都是孩子们通过自己的努力一分一分地攒下来的。

“爱就是奉献，奉献是教师的天职。”刘让贤是这么说的，也是这么做的。从第一次站上讲台，他就把自己全部的爱给了山里的孩子们，把毕生的精力奉献给了乡村教育事业。

孩子们的脚冻伤了，他熬花椒水给他们擦洗；孩子们的头发长了，他买来理发工具给他们理；孩子们没有钱买文具，他用自己的钱给他们买。有一次，同事来做客，临走时把他家里仅有的一台电视机也抱走了。儿女不解地问："为什么？这是我们家最贵的电器。"刘让贤说："因为岔儿沟小学买不起电视，老师们生活太单调。"

刘让贤总是这样地"公私不分"。几十年来，他花在孩子们身上的钱有多少，谁也说不清。

刘让贤退休后，也没有闲下来。他坚持每个月到学校住上一段时间，与校长商量学校的发展，和年轻教师交流教书育人的体会和做法。通往学校的山路，年逾花甲的刘让贤走了25年，骑坏了5辆自行车。再到后来，他实在骑不动自行车、走不动山路了，就在妻子周秀英所在的城南学校做写作实践的课外辅导员。

这位坚守高寒山乡的"孺子牛"用他的实际行动改变了一代代山乡孩子。他的奋斗故事成为无数人民教师的精神源泉，一代代刘让贤式的优秀党员也如雨后春笋般涌现，为乡村的教育事业不断奋斗。

49 邢燕子：扎根农村的“娇燕”

邢燕子，好榜样。

学习王国藩，学习铁姑娘。

全家都在城，自己愿留乡。

园中育幼幼成行，冰上治鱼鱼满网。

天寒地冻，抢种垦荒。

要使石头长出粮。

……

20世纪六七十年代，这首歌被广为传唱。主人公邢燕子曾是闻名全国的知青楷模，歌中唱的是她带领群众艰苦奋斗、战胜饥荒的故事。她的经历曾激励和鼓舞了一代知识青年扎根农村，为农村的发展致富做出贡献。

1958年，正逢我国遭受严重的自然灾害，17岁的邢燕子中学毕业了。是继续上学读书，还是去父亲的工厂？无论哪一条路都是不错的选择。可出乎所有人意料的是，邢燕子没有回父

邢燕子

母身边，而是积极响应知识青年下乡的号召，一头扎进了农村。

邢燕子满怀激情，立志要做第一代有文化的农民，带领群众致富。可是，对于贫穷的司各庄村来说，这条致富路并不好走。

由于邢燕子从小衣食无忧、娇生惯养。刚到乡下时，看她啥农活也不会干，村干部就安排她到集体食堂工作。那段时间她还闹了不少笑话。

有一次，食堂熬了一大锅粥，让她看着。不一会儿，粥溢了出来。从来没做过饭的邢燕子急忙喊："快来人啊！粥都跑出来啦！"村里的叔叔大爷们都跟她开玩笑，说："傻姑娘，你给它磕个头，它就不跑了。"单纯的邢燕子"扑通"就跪了下去，大家笑得前仰后合。

这件事让邢燕子意识到，要想成为一名合格的新时代农民，光有激情还不够，还得有真本事。

那时，村里的壮劳力都外出打工了，全国又在提倡解放妇女的劳动力。邢燕子就在村里办起了幼儿园，让广大妇女腾出时间参加生产。她带领村里的妇女组成了一支“燕子突击队”，迈出了致富路的第一步。

冬天，村里没有农活，邢燕子就组织大家跑到冰上，拉网捕鱼。冰面上寒风刺骨，姑娘们凿开厚厚的冰层，用力拉着满是冰的绳子，即使手掌、肩膀磨破了，也从不喊苦、喊累。晚上，邢燕子又带着大家打芦苇。三个月时间，“燕子突击队”给村里赚了3600多元，为帮助大队度过灾荒起了很大作用。

夏天，村里经常发洪水，水涝容易使粮食减产。邢燕子又带领姑娘们开始与老天爷抢时间。她向村支书请求修筑堤坝。村支书看着瘦弱的姑娘们，既难受，又心疼，但看到她们真诚的眼神，最终还是答应了她们的请求。接下来的日子，十来个姑娘两人一组，抬着一百多斤的泥兜，你追我赶，争先恐后，没有一个人退缩，也没有一个人喊苦叫累。为了保住家乡的庄稼不被淹，在她们的感召下，大家伙都加入到劳动队伍中，干劲十足。终于抢在雨季到来之前，保住了庄稼。

邢燕子又带领姑娘们打破“七九麦”的传统，提前种下430多亩“六九麦”。“六九麦”提前成熟，避免了因洪涝带来的损失。慢慢地，司各庄村结束了吃粮靠国家的历史，不仅自己吃饱了，还向国家缴纳了粮食。

1960年，《人民日报》发表了长篇通讯《邢燕子发愤图强建设农村》，介绍了邢燕子的先进事迹。一时间，这只扎根农村的“娇燕”成了响彻全国的先进模范。她的故事不仅走进了村里老百姓的心里，也走进了国家领导人的眼里。她先后被毛主席 5 次接见，被周总理 13 次接见，这是邢燕子一生最感荣耀的事情之一。郭沫若还特意为她写了《邢燕子歌》。

邢燕子曾说，只要能为乡亲们做贡献，让他们摆脱贫穷，再苦再累也值。邢燕子在我国最困难的时期，选择了最难走的路，发愤图强，扎根农村，成为一代知识青年的楷模。

50 王杰：发扬“两不怕”，一心为革命

“为了党，我不怕进刀山、入火海；为了党，哪怕粉身碎骨也甘心情愿。”“我一定全心全意为人民服务，做一个人民的勤务员。”“我们要一不怕苦、二不怕死，做一个大无畏的人。”在山东济宁王杰纪念馆的墙壁上，张贴着许多王杰生前的日记摘录。英雄已逝，但王杰的革命精神却影响着一代代后人。

战火纷飞的1942年，王杰降生在母亲逃难的途中。普通农家出身的王杰，从小就感受到了生活的艰苦。小时候的王杰特别喜欢听英雄故事，爱看英雄画册。洪水淹没家乡，十几岁的他曾冒着生命危险抢救生产队的公共物资。考上初中以后，周末回家后他还帮着生产队里的会计算账。由于他的性格好，办事精干，身边的人都喜欢他。

1962年8月，王杰应征入伍。第二年，他加入了中国共产主义青年团。参军后，王杰从微不足道的小事做起，处处以身作则。在长途行军中，他主动关心战友，主动帮助新同志扛枪、背背包，从来不叫苦、不叫累。施工的时候，哪里有重活，他

就奔向哪里。冬训时零下几十度的气温，他带头跳进结冰的水里打桩架桥。学习上更是十分刻苦，经常坚持学到深夜。

生活上的王杰也很朴素，旧衣服、破袜子都舍不得扔，缝缝补补继续穿。他曾经在日记中写道："我们青年人要像疾风中的劲草，岁寒时的松柏，经得起艰难困苦的考验，勇敢地担当起建设社会主义的重担。"抱定这样的心态，王杰始终把革命利益放在第一位，通过不懈的努力，他顺利考取了一级技术能手。他担任爆破手期间，不浪费一寸导火索，并决心把艰苦奋斗的作风接过来，传下去。他用自己的行动来实践自己"不怕苦"的誓言。

1963 年，王杰所在部队前往河北抗洪救灾。一天夜里，上级命令他们到木料场去抢运木料。木料场被茫茫的洪水围困着，必须先派一个人探出一条安全的路来，大家才能顺利进场。王杰抢先承担起这项战斗任务。他在齐胸的水中探索前进，好几次掉进没过头顶的深坑。在寻找进出口时，他腿上、手上被在水下的铁丝网划出道道血痕，但为了顺利完成抢运任务，他把这一切置之度外。在施工时，突然暴发的山洪卷走了物资，他第一个奔去抢救。爬高空、钻猫洞进行爆破，他也总是冒风险抢先去装药、放炮。有时发生哑炮，仍然是他第一个去排除。他这种奋不顾身、迎难而上的精神，使战友们受到了极大的鼓舞。

1965 年，连里交给王杰和陈学义一项任务，帮助民兵训练爆破技术。7 月 14 日上午，他们进行着最后一项训练——地雷实爆。王杰让大家围成一圈，由他做示范动作。突然，埋设炸药包的土层冒出了白烟。千钧一发之际，王杰大喊一声“闪开”，便飞身而起，扑向炸药包。随着一声巨响，王杰倒在了血泊之中，在场的12名民兵和干部得救了，年仅23岁的王杰却献出了自己宝贵的生命。

根据王杰生前愿望，所在部队党委追认他为中国共产党党员。1965年11月，国防部命名他生前所在班为“王杰班”。毛泽东、周恩来、朱德、董必武等党和国家领导人都为他题了词。

王杰生前还有一个著名的“王杰四问”：“什么是理想？”“什么是前途？”“什么是幸福？”“什么是痛苦？”经过长期的探索，他找到了答案，那就是：革命到底就是理想，革命事业就是前途，为人民服务就是幸福，失去人民的信任和为人民工作的机会就是最大的痛苦。

岁月洗尽铅华，时至今日，我们依然可以深刻感受到王杰“一不怕苦，二不怕死”精神的厚重力量。

51 汪洋湖：一生干净干事，一世为民奋斗

在汉代，有一个叫羊续的人，做南阳（今河南南阳）太守时，曾有人给他送鱼，还没等他拒绝，那人扭头就走了。于是羊续就把鱼挂起来，等那人再来送的时候，羊续指着挂着的鱼说："你上次送的鱼还挂着，已成了鱼干，请你一起都拿回去吧。"那人羞愧不已。

因"鱼"与"欲"谐音，因此，自古以来就有很多贤良之士拒绝"鱼"，来警醒自己拒绝"欲"。古有悬鱼的羊续，今我们党同样有拒"鱼"的好干部，他就是汪洋湖。他在担任吉林省水利厅厅长时，有"不吃鱼"的习惯，这个习惯很多人都知道，但是很少有人知道他为什么不吃鱼。

汪洋湖之所以不吃鱼，是因为水利厅直接管着水库，逢年过节，都可能会有人往家里送鱼，这很容易滋长不良之风。于是，汪洋湖到水利厅工作的第一天，就下定决心不吃鱼。很多人觉得他太较真。他说："堤溃蚁穴，这个口子不能开，有了第一次，就会有第二次、第三次……就会越收越多，时间长了，

就陷进去了。”他在水利厅的12年里，从来没有吃过一次鱼。调离水利厅，人们发现，汪洋湖吃鱼了。正是这样的“忍”，成就了汪洋湖“一生干净干事”的韧性与执着。

汪洋湖，17岁参加工作。从政40多年里，他做过镇党委书记、县委书记，从事过公检法，管理过水利。在外人看来，哪一个都是“肥差”。但他从不谋私利，一生恪尽职守，始终把手中的权力看作是为人民谋利益的工具，一世为民奋斗。

1978年初，刚刚上任镇党委书记的汪洋湖，带着铺盖到了黄狼沟村蹲点。黄狼沟村是全镇最穷的村，村民们都勒着裤腰带艰难度日。

初春的村里寒冷无比，刚到村里，汪洋湖便冒着严寒，挨家挨户走访。村民们住着破旧的草房，穿不暖，吃不饱，汪洋湖心里很不是滋味。他说：“一定要发展经济，解决农民的贫困问题。”他带领工作人员在山坡上跑了10多天，终于制订出生产发展计划。

刚开始，计划实施一点也不顺利。每天一大早，汪洋湖和生产队长就挨家挨户地动员，大家却都无动于衷。因为村民们都被“运动”搞怕了，根本不相信这个新来的书记。汪洋湖掏心窝子向全村人保证：“按这个规划整，到秋要是减产，损失是我的；增了产，全是大伙的。请乡亲们相信，共产党还是要为老百姓造福的。”村民们信了。

于是，每天天不亮，全村人就早早地起来，跟着汪洋湖挖粪运肥，精耕细作。秋天到了，黄狼沟大丰收，村民们拿到了分红，这是谁都没有想到的。汪洋湖就像一团火，把村民的热情都给点着了。

1985 年 8 月，汪洋湖刚刚升任舒兰县县委书记，在上任的路上，他看到被洪水冲毁的房屋，二话没说，带着行李，直奔险情最严重的亮甲山水库。始终在一线与大家一起奋战，历经四天四夜，终于保住了水库大堤。

1998 年，吉林省遭遇了百年不遇的特大洪水。那时候，汪洋湖已经是吉林省水利厅厅长，又奋战在了嫩江抗洪第一线，冒着大雨，走了近百千米，实地勘察线段，为省委决策提供了依据。在大家的努力下，吉林省所有江河堤防没有一处决口，60 万群众因转移及时，无一伤亡。

洪水过后，国家加大了对水利建设的投入，汪洋湖负责吉林省水利建设，严把资金使用和工程质量两个关口。他与班子成员约法三章：不取非分之钱，不上人情工程，不搞暗箱操作。1999 年，有关部门对水利厅资金使用管理进行多次检查，均未发现违规问题；对建设项目进行质量检测 44628 次，工程质量合格率达到 100%。在他的努力和带领下，吉林省的水利事业得到跨越式发展。这些水利工程一次又一次经住了大水的考验，至今仍在造福国家和人民。

滴水见汪洋，汪洋湖，人如其名，一身正气，用行动践行“一生干净干事”。

52 郑培民：心中有人民，奋斗有力量

2019年9月，在人民大会堂举办的“最美奋斗者”颁奖大会上，郑海龙为父亲郑培民领取了“最美奋斗者”奖章。颁奖大会结束后，郑海龙写下了这句话：“要继承父辈的遗志和精神财富，努力做新时代忠诚干净担当的‘奋斗者’。”

付出、坚守、担当、奋斗，党员的信仰始终占领着郑培民思想的高地。他是人民的公仆、百姓的朋友。在世时，无论工作如何变动，身份如何转换，他都始终满怀真情为群众奔走谋划，身先士卒。

郑培民出生在吉林海龙，1969年12月加入中国共产党。生前，他曾先后担任湖南省湘潭市委副书记、书记，湖南省副省长，湖南省委副书记，湖南省人大常委会副主任等。

“一心一意为人民办好事，办实事。”郑培民一生都在践行这句话。在湘潭任职时，郑培民为了全面掌握湘潭的情况，下乡镇，走厂矿，进高校，访科研，先后走访全市135个乡镇、企业、学校等单位，同领导班子全面谋划湘潭市的未来发展。

1990年，郑培民调任湘西土家族苗族自治州，担任州委书记。平级调动不说，还是从经济较发达的城市到了贫困山区，不少人开玩笑说他是“从米箩跳到糠箩”了。但他却想着，那就把“糠箩变成米箩”。

为了实现这个“愿望”，郑培民一上任就遍访基层。他的第一站来到了当时湘西最穷的村子——叭仁村。“叭仁”在苗语中的意思是山顶上。叭仁村三面悬崖一面山，想要到这儿，先要坐车到所在乡镇，然后再走12千米的山路，仅山路就要走大概4个小时。

人人皆知叭仁村极度缺水，但这一问题就是长时间没有解决。郑培民调查走访后，筹集资金为村子修了450米的引水隧洞，修了公路，架了电线，叭仁村的村民都念他的好。

担任州委书记2年多的时间，郑培民跑遍了全州218个乡镇，在30多个乡镇住过。除去日常办公、开会的时间，在群山环绕的湘西，郑培民走访基层的脚步几乎没有停下过。

湘西受历史和自然条件的限制，经济较为落后。了解了湘西的基本状况后，郑培民和班子成员带领全州的干部群众，围绕扶贫开发大力推进农业生产新技术，同时引进大电网，支持地方企业扩建升级，为偏远山村通水通路通电等，一一破解制约地区发展的关键因素。

推行地膜玉米新技术时，郑培民亲自下地，和农民一起干农活，还为初学的农民做演示。好形象、好口碑靠的是实实在在的作为。在州委选举中，郑培民全票当选州委委员、州委常委、州委书记。

1998 年，长江流域发生特大洪水，常德市安乡县抗洪任务艰巨，临洪大堤长达 40 千米。时任湖南省委副书记的郑培民在抗洪一线坚守数 10 天，亲自指挥调度抗洪工作，哪里危急他就出现在哪里，有时甚至直接冲上去搬麻袋抢险。抗洪的几十个日夜，郑培民瘦了 20 多斤。回到家，他对妻子说：“这次抗洪，是对我生命极限的挑战！”

在湖南任职期间，郑培民曾分管过全省的教育工作。他大刀阔斧，督促省财政部门筹措专门款项解决拖欠教职工工资问题，分步骤解决大中小学教职工住房问题，使广大教师安居乐业。为抓学生减负工作，他亲自去看学生们的书包，看哪一种教材是必需的，哪些是不必要的，规范完善学生用书的审批流程。除此以外，郑培民还积极推动湖南省中小学布局调整，科教兴湘，突出素质教育的作用。

在党风廉政问题上，郑培民更是严格要求自己。工作调动、搬家等事从不张扬，两袖清风，一尘不染。2002 年初，郑培民被临时抽调到北京工作，因突发急性心肌梗死，以身殉职。

“做官先做人，万事民为先。”郑培民一生心系群众，艰苦奋斗，清正廉洁，鞠躬尽瘁。他用自己的实际行动立起了共产党人的标杆，在人民心中树立起一座为人民服务的丰碑。

53 鲁冠球：从田野走向世界的农民企业家

他是乡镇企业改革发展的先行者，被誉为商界常青树；他坚持听党话、跟党走，一次次将党的路线方针政策落实到企业经营发展之中。在改革大潮中，他勇做开拓者，把一个农村小作坊发展成巨型跨国集团，他的成功案例被收入美国哈佛大学商学院的经典案例。他就是万向集团创始人鲁冠球。

1945 年 1 月，鲁冠球出生在浙江萧山，母亲在乡下务农。因家境贫困，他初中没毕业就辍学了。从 17 岁开始，鲁冠球就开始创业。他对机器很感兴趣，看到村里没有磨面机，村里人要走很远的路到集市上去磨面。于是，他凑了 3000 元钱，买了一台碾米机、一台磨面机，在村里办起了面粉加工厂。因为那个年代禁止私营，很快他的厂子就被查封了。直到 1969 年，他才算正式走上创世之路，也开启了“万向”奋斗之路。

1969 年，中央下发文件，每个人民公社可以建一个农机修配厂。24 岁的鲁冠球找到了机会，他筹集了 4000 元，带领 6 个农民，创办了“宁围公社农机修配厂”。鲁冠球在这间只有 84

平方米的破厂房里，开启了他从田野走向世界的第一步。他的敢想敢做为他带来了第一桶金。在村里，他最早用上了“奢侈品”——一块上海牌手表、一辆永久牌自行车和一台红灯牌收音机。

在他的经营和管理之下，10年时间，这家乡镇农机修配厂的规模已达到四五百人，生产的产品也五花八门，有农机配件、链条、万向节等。工厂门口也挂上了“宁围农机厂”“宁围链条厂”等多块牌子。

然而，随着市场竞争日趋激烈，工厂必须走向专业化，鲁冠球不得不从众多产品中挑选出一个。恰好，改革开放拉开大幕，他看到一篇关于国家要发展汽车货运的报道。只要有汽车，就少不了万向节，于是鲁冠球决定集中力量生产汽车万向节。

1970年，他将工厂改名为“萧山万向节厂”的路。这是鲁冠球走出的关键一步，也是万向集团的重要转折点。从此，鲁冠球也正式开始与汽车行业打交道。他立下誓言：“不论哪个国家的哪种型号的汽车，只要在我们国家公路上跑的，我就要把它的万向节生产出来。”

经过十几年的努力，到1980年底，经过评估，万向节厂的产品质量已位居全国行业之首。

1983年是鲁冠球商业之路上至关重要的节点。创办之初的万向节厂是宁围乡政府主办的企业。这一年，鲁冠球以个人资产作抵押，获得了企业的承包权，这是万向的第一次飞跃。之后，他的财富也成几何级增加。1985年，他完成了与美国公司的签约。此时的鲁冠球不仅代表宁围万向节厂，更代表了中国，代表了奋起中的中国农民。

1990年，企业更名为“浙江万向集团公司”，并沿用至今。鲁冠球虽然只有初中文凭，没有受过正规教育，但他的商业头脑确实是无人能及的。在一次次改革大潮中，他始终把握着时代的脉搏，用自己的商业头脑，一次次将“万向”带向新的高峰。从万向美国公司成立，到打入全球最大汽车公司——通用公司的生产线，成为福特公司的配套商，万向集团不断刷新着自己的跨国经营之路。

2001年8月28日，鲁冠球一举收购了纳斯达克的上市公司，开创了中国乡镇企业收购海外上市公司的先河。如今，万向集团已经先后在美国、英国等多个发达国家建立几十家公司。

2017年，72岁的鲁冠球，离开了人世。从1969年的那间小作坊开始，48年里，他凭借敢想敢做的毅力，以敏锐的眼光把握时代的脉搏，不断为梦想而奋斗。在他的带领下，万向集团实现了一次次飞跃，成为第一个进入美国市场的中国汽车零部件企业。

54 南仁东：为建设“天眼”而奋斗

人们都喜欢仰望星空，因为那里隐藏着无穷的奥秘，无数科学家为实现人类探索宇宙的愿望，前赴后继、艰苦奋斗。为建造“中国天眼”做出重要贡献的南仁东就是其中的一位。

中国天眼，全称为“500 米口径球面射电望远镜（FAST）”，坐落于贵州省平塘县的一处大窝凼。它足足有 30 个标准足球场那么大，是目前世界最大的单口径射电望远镜，它由我国著名天文学家南仁东主持并完成。

1993 年，国际无线电科学联盟大会在日本东京召开。为了接收更多来自外太空的讯息，科学家们提出要建造新一代射电望远镜。消息传到国内，时任北京天文台副台长的南仁东坐不住了，他立即提出要在中国建造大射电望远镜的设想。

刚开始，很多人都不看好这个设想，质疑声不断。南仁东却有自己的坚持：“别人都有自己的大设备，我们没有，我挺想试一试。”

为了选址，南仁东带着团队跋涉在中国西南的大山里。大山深处，连条小路都没有，当地农民走着都费劲。年过半百的南仁东为了更清晰地掌握情况，再曲折的路，他都坚持走一遍。就这样，南仁东和选址队员一找就是12年，他们几乎踏遍了那里所有的洼地。

最终，他们找到了位于贵州省的大窝凼洼地。那里四周被山体围绕，犹如一个巨大的坑，正好可以挡住外面的电磁波，是最好的地点。地址选好了，南仁东觉得一切辛苦都值得。

他们遇到的困难远不止这一个。最初的几年，为了筹到足够资金，南仁东逢人就“推销”自己的想法。在项目实施的每一个阶段，他都亲力亲为。为了赶项目材料，他和课题组成员们挤在办公室打磨、修改，经常一干就是一整夜。

度过了艰难的10年，FAST项目渐渐有了名气。2006年，立项建议书最终提交。

FAST项目就像是南仁东的孩子，从一个简单的设想，到提出方案，从选址到具体实施，他都一一见证。2014年，馈源支撑塔刚开始安装的时候，南仁东就说要第一个爬上所有塔的塔顶。

2016年9月25日，FAST竣工，并进入调试阶段。历经22年，8000多个日日夜夜，近百次失败，一只能寻找“宇宙生命”的“天眼”终于在贵州的大山深处安家落户了。

2017年10月10日，中科院国家天文台发布了FAST取得的首批成果。FAST探测到数十个优质脉冲星候选体，其中6颗通过国际认证。

然而，就在这个成果公布之前的 9 月 15 日，72 岁的南仁东因肺癌恶化，经抢救无效，与世长辞。生前，南仁东曾有一个愿望："等 FAST 望远镜建成之后，我想咱们就能着手开展对脉冲星的系统研究。"身为 FAST 首席科学家、总工程师的南仁东没能见证这一重要时刻。

南仁东凭借着自己的坚持，把一个朴素的想法变成了国之重器，成就了中国在世界上独一无二的项目。从壮年走到暮年，他无惧艰辛，勇往直前。

55 麦贤得：钢铁战士有着钢铁意志

20世纪60年代，麦贤得是家喻户晓的“钢铁战士”。他的钢铁意志鼓舞了无数人。

1965年，年仅19岁的麦贤得从军校毕业，进入海军，成了一名机电兵。没多久，他就经历了一场生死考验。

1965年8月6日凌晨，在我国东山岛渔场爆发了一场规模巨大的海战。国民党海军的“剑门”号和“章江”号两艘战舰出现在东山岛附近。正在给渔船护航的麦贤得所在611舰奉命对敌舰进行拦截。战斗过程中，麦贤得的头部被弹片击中，瞬间昏迷。醒来的时候，视线已模糊。他听到主机轰鸣声减弱了，这会意味着舰艇的速度在下降。眼前一片漆黑的麦贤得，凭借过硬的技术，靠双手摸索着对一台台机器进行排查，最终排除故障。他双手紧握操纵杆，坚守了3个多小时，直到战斗胜利。

麦贤得经历过几次大手术，生命保住了，但是脑部受伤带来的后遗症却一直跟随着他。他智力严重衰退，语言功能受损，右半身还有些瘫痪，但他从来没有闲下来过。

早在医院疗养时，他就有空就到附近村里逛逛，帮村民收庄稼，为困难老大娘买药。后来出院回到家，更是闲不住，时不时地跑到部队的门岗当“纠察”，帮忙纠正军容军姿。邻居家有困难，只要他能帮得上忙，一定想尽办法提供帮助。

1991 年，汕头遭受强台风。家住楼上的曹政委在外指挥部队抗击台风，家里的窗子被风刮掉了。麦贤得拿着铁丝、铁锤就冲上了楼，帮助曹政委家属把窗户修好。第二天，风小了，麦贤得却“失踪”了。他一个手脚不方便的人能去哪里？一家人急得四处寻找，仍不见踪影。

直到傍晚时分，满身泥水、一脸疲惫的麦贤得回家了。妻子问他去哪里了，他随便找个理由就搪塞过去了。晚上，电视新闻里出现了一个熟悉的身影，是麦贤得参加抗灾救险的画面。失踪之谜终于解开了。

麦贤得还热心公益。每次单位组织捐献活动，他总是冲在前边。1995 年，汕头残联协会组织募捐。麦贤得一看到报纸上的消息，就带着 200 元钱，跑到在残联工作的邻居家，请她帮忙带去。部队三次组织为“希望工程”捐款，麦贤得一次也没掉队。有一次部队组织向亚运会捐款，忘了通知他，他后来知道了，还发了脾气。

麦贤得克服了常人难以想象的困难，即使脑手术使他失去了大部分的记忆，但他始终没有忘记艰苦奋斗的优良传统。50 多年来，英雄不老，这位“钢铁战士”始终焕发着青春。

56 李国安：扎根北疆寻甘泉

水是生命之源。在茫茫的内蒙古戈壁草原，常年干旱少雨，滴水贵如油。他却几十年扎根戈壁草原，带领北疆军民掘出了一眼眼清泉，把清凉甘甜的水送进了百姓的家庭、战士的营房。他就是被内蒙古各族群众和边防官兵誉为“大漠水神”的找水英雄李国安。

1946 年，李国安出生在四川成都的一个贫困家庭。对于一个南方人来说，他可能很难想到，以后他的人生会跟“找水”紧密联系在一起。

1961 年，15 岁的李国安来到内蒙古大草原，成为一名骑兵。四年后，他光荣加入中国共产党，并向党旗许下了自己的誓言——“上不愧党、下不愧民”。这是李国安的承诺，也是他的奋斗目标。

当兵 13 年后，李国安被调到刚组建不久的北京军区给水工程团。从此，他的命运就与水紧紧联系在了一起，也开启了为边疆军民寻水的艰辛历程。

早在内蒙古当骑兵时，李国安就深切感受过草原严重缺水的情况。很多地区因缺水，土地逐渐变成沙漠，人们不得不离开家园。许多边防官民也常年忍受着缺水的煎熬。

在阿拉善大漠深处的边防某团，有一口“甜水井”。这口井是战士们在执勤之余挖的，一天只能渗出半桶水，还是苦的。战士们说：“全国人民如果知道我们在这里喝的是苦水，一定会难过，我们得守住这个秘密。”于是给这口井起名为“甜水井”。周总理知道后非常感动，指示“一定要把内蒙古北部高原地下水搞清楚”。但是20多年过去了，缺水问题仍然没有从根本上解决。

1990年1月，李国安被任命为北京军区给水工程团团长。上任不久，他就决定为边防团打几口深水井。很快，在他的带领下，终于打出了真正的甜水井。

草原人民缺水、盼水、找水的情景，一直深深刻在李国安的心里。他虚心请教打井专家，不断钻研，很快就成了找水专家。他跟战友们行走在荒漠、戈壁，哪里没有水就在哪里安家。一口口井打出来了，军民们尝到了清澈甜水的味道。李国安成了北疆军民心中的“水神”。只要有李国安在，就没有克服不了的困难。

1992年初，呼和浩特市水泥厂准备打一眼深水井，缓解用水紧张的问题。但是这里地下都是大漂砾地层，很多打井队都无功而返。后来，李国安带领部队来到了水泥厂。经过分析，他认为必须采用孔内爆破的方法。他从北京请来专家，连续102次孔内爆破后，终于成功打出了一眼日出水量超过千吨的优质供水井。这一创举，填补了我军在大漂砾地层运用孔内连续爆破成井的空白。

此时的李国安正信心满满，准备继续努力拼搏。然而，1993 年底，他不幸患上了恶性胶质瘤。经过抢救，李国安活下来了，但是他腰部 3 块椎骨被切除三分之一，留下了一条无法愈合的骨槽。

“活着干，死了算。”住院的 3 个月里，李国安无时无刻不牵挂着边疆。1994 年 4 月 2 日，刚刚能下地走路的李国安毅然办理了出院手续，医生给他围上了一条 15 厘米宽的“钢围腰”来支撑腰肌。

回到团队，他立刻投入到工作中。拖着病弱的身体，亲自带领一个小组勘察边防线的水文情况。4 个月里，李国安靠着一根拐杖，行程 24800 千米，掌握了 4000 千米边防的详细水源分布，并在沿线确立了 109 眼井位。

2013 年，李国安退休。退休后的李国安没有停止“找水”的脚步。他以全国政协委员的身份开始调研，足迹遍布西藏、新疆、青海等西部落后地区，先后撰写提交了 25 份提案，其中已经立案的就有 17 份。

李国安时刻谨记自己的承诺，在戈壁草原的 37 年里，发扬艰苦奋斗的优良传统，不断为解决边疆军民的用水问题而努力。人们很难忘记李国安为了找水而付出的巨大艰辛。

57 邹延龄：奋斗在蓝天的勇士

他个头只有1.68米，却神采奕奕。生活中，他斯文儒雅，一点也看不出舍我其谁的霸气。然而只要听过他故事的人，无不由衷地敬佩他。他曾在蓝天中一次次驾驶着飞机与死神搏斗，上演一幕幕惊心动魄的画面。他就是空军特级飞行员邹延龄。

1966年，19岁的邹延龄参军，成了一名空军飞行员。从此他以蓝天作舞台，开启了30多年的飞行生涯。

1977年是邹延龄职业生涯的转折点。在这之前，他已经飞了近20年，飞过8种不同的机型，但是却从来没有驾驶过国产运输机。他早就有当试飞员的梦想，听说“运–8”运输机因缺少试飞力量而迟迟无法交付使用时，邹延龄立即提出申请，想到陕西飞机制造公司试飞大队当试飞员。

西北条件艰苦，并且试飞风险很大，随时都有生命危险。当领导问他是否想好了时，他说：“我都想过了，我自信能当个好试飞员。”

就这样，邹延龄开始了他的试飞生涯。

“运 -8” C 型运输机是我国自主研发的大型运输机，凝聚了几代研发人员的心血和汗水。试飞大吨位失速科目，是世界公认的高难度风险科目。为了保险起见，公司以每日 1000 美元的高薪，请来了美国“王牌试飞员”试飞，邹延龄陪同。

谁知道，在完成了小吨位失速试飞后，一进入大吨位失速科目，这位美国飞行员拒绝试飞。他走之前，还劝说邹延龄不要冒险。然而，邹延龄深知这个科目的重要性，如果不拿下，“运 -8”就不能定型，势必也会影响我国航空工业的发展。于是，他自告奋勇担负起试飞重任。他对试飞员们说：“中国军队的试飞员飞不出中国制造的飞机，是一种耻辱，我们一定要争口气，让共和国的天空翱翔着我们自己的运输机！”

1990 年 11 月 26 日，机场起跑线上，救护车、抢险车、消防车一字排开，在众人的目送下，邹延龄驾驶“运 -8” C 型运输机飞向了蓝天。在最后着陆阶段，飞机时速由 6000 千米减到 170 千米，飞机机身开始飘摆、抖动，机头下沉，这是飞机失速的前兆。按照设定要求，最小时速达到 170 千米，大吨位失速试飞就已经完成，可顺利返航。可是，邹延龄觉得还有减速余地。速度每减少一点，危险性就增加一分。最终，邹延龄将时速降低到 159 千米，飞机进入极限失速状态，机头急剧下沉。如果不在 12 秒内将飞机恢复正常，后果将不堪设想。

邹延龄屏住呼吸，凭借着娴熟的技术，飞机迅速恢复正常，重新飞向蓝天。邹延龄完成了鲜有人敢进行的大吨位失速试飞科目。

这样的惊险场面，在邹延龄的试飞生涯中出现过无数次。有一次，邹延龄和另外 4 人组成“蓝天抢险队”，向发动机空中停车再启动科目发起了挑战。这是被称为飞行禁区的一级风险科目。按照要求，飞机在空中人为关闭发动机的情况下，必须等 3 分钟，冷却了才能重新启动。

4000 米高空，邹延龄下令关闭第 4 台发动机。飞机靠 3 台发动机飞行，瞬间失去平衡，顿时，飞机急剧下落。邹延龄仍临危不惧，使出浑身解数，终于把下降的飞机拉了回来。这 3 分钟，命悬一线。3 分钟一过，随着“轰”的一声闷响，发动机再次成功启动。

邹延龄在蓝天奋斗了 30 多年，直至 2003 年，才告别了亲如手足的“运 –8”系列飞机，这年，他 55 岁。

他视试飞事业如生命，从一个放牛娃成长为一名试飞员。他说“是党给我插上了双翅”，“身为中国军人，就应该站着是根柱，躺着是根梁，与其庸庸碌碌活百岁，不如轰轰烈烈干一场”。试飞的 18 年间，他带领战友们创造了我国“运 –8”飞机飞行史上的 16 个第一，填补了我国运输机试飞史上的 10 多项空白，为国产“运 –8”飞机飞出国门、飞向世界做出了巨大贡献。他被人们誉为“试飞英雄”。

即使多次与死神擦肩而过，但他仍不畏艰险，敢闯敢试，用自己的热血谱写了一首惊天动地的英雄奋斗之歌。

58 张瑞敏：海尔传奇的缔造者

“一个国家没有世界名牌，就很难跻身世界民族之林，海尔愿做一个先行者。”这是海尔集团董事长、首席执行官张瑞敏对世界品牌的理解，也是他做出的承诺。张瑞敏几十年不断奋进，将海尔发展成了世界名牌。

1984 年，张瑞敏受命接手了一家濒临倒闭的生产小型家电的企业，企业当时都快发不出员工工资了，这就是海尔冰箱厂。刚开始，大家都不看好这名新厂长，刚上任的张瑞敏举步维艰。但张瑞敏偏偏不信邪，开始整顿“不正之风”。慢慢地，消极怠工的情况少了。纪律好了，但是企业仍然面临窘境。

一次，张瑞敏赴德国引进冰箱生产技术，在德国的超市里竟然没有一件是“中国制造”。于是，他下定决心一定要让中国制造走向国际市场。

张瑞敏首先从提高员工的质量意识抓起。他不顾众人的反对，抡起大锤，把 76 台不合格的电冰箱当众砸毁。他认为“有缺陷的产品就是废品”。这一举动改变了海尔员工的思想，也改变了海尔冰箱厂的命运。在“产品质量就是生命”的信念下，4 年后的海尔冰箱厂收获了第一份荣誉，拿下了全国质量金奖。

海尔始终按照严格的质量要求，科学化地经营管理。经过 20 年的努力，2004 年，海尔从一个亏损 147 万元的集体小厂，成长为中国一流的家电企业集团。然而，张瑞敏的目光不只在国内市场。随着中国加入 WTO，张瑞敏认为唯有国际合作才能长期发展，才能真正让中国制造走向世界舞台。他首先将目标锁定发达国家，凭借着质量优势，海尔产品全线进入美、德、日等国家。

创新是海尔的灵魂，也是海尔始终保持旺盛生命力和竞争力的奥秘。几十年来，海尔的组织结构时常调整。技术方面，海尔坚持每天出新产品、新专利。

随着互联网时代的到来，为了快速响应用户需求，海尔积极探索新的模式。为此，张瑞敏又一次将海尔组织结构进行调整，由传统的“正三角”颠覆为“倒三角”，即组建自主经营体，并以此为支点，创新“虚实网结合的零库存下的即需即供”的商业模式，为用户不断创新。

海尔的每一次改革、每一步成长、每一次创新，都离不开张瑞敏的努力。即便做到全球前列，张瑞敏仍然说：“海尔只有创业，永远没有守业！”

多年来，正是凭借着对企业发展深刻的理解、对建立品牌执着的信念，张瑞敏抓住机遇，勇于奋斗，不断创新，才缔造了一个又一个的海尔传奇。

59 邓练贤：奋斗在“非典”前线的勇士

2003年，一种名为“非典型肺炎”的疾病突如其来，一场没有硝烟的战争在全国打响。无数“白衣战士”冲锋向前，逆行而战，有的甚至献出了宝贵的生命。广东中山大学附属第三医院传染科副主任、党支部书记邓练贤就是众多“战士”中的一位。

2003年春节，邓练贤的妻子朱秀娟非常开心。因为她的丈夫难得没有值班，还说“我10多年来都没陪你好好过过春节，今年我决定陪你出去走走”。没想到这句话说完还没有20分钟，一阵急促的电话铃声就打碎了这份美好。

“来得这么快！”邓练贤放下电话就往医院赶。

原来，就在这天下午，广东省出现了不明原因的肺炎。邓练贤所在的中山三院成为四家指定的接收病人的医院之一。

邓练贤是传染病科支部书记、副主任。他知道，作为一名医生，他应该冲锋在前；作为一名共产党员，他更应该一马当先。他主动承担起了人员调配、物品整理任务。在他的精神激励下，其他医护人员也都主动放弃休假，投入到工作中。

这注定是一个不眠的除夕夜，中山三院灯火通明。第一位病人被送了进来，这是一位11岁的孩子。邓练贤和其他专家迅速对病人进行会诊，制订治疗方案。

那时候，大家对“非典型肺炎”还完全不熟悉。但具有多年临床经验的邓练贤知道，这次的病毒不同寻常，它传播速度快，病因不明，危险性极大，稍有不慎，很有可能被传染上。他亲自安排病房，交代医务人员做好消毒、隔离工作。在邓练贤的组织下，抢救工作紧张有序地展开。

半夜，又一位女病人被送进了医院。邓练贤及同事又投入到新一轮的战斗中，一直持续到大年初一凌晨3点，他才回到家。邓练贤人生的最后一个除夕之夜就是这么度过的。

大年初一是中山三院传染病科的医护人员难以忘怀的一天。一大早，邓练贤就赶到了医院。上午11时30分左右，一位姓周的病人被送来。当时病人发着高烧，呼吸极度困难，随时都有死亡的危险。经过一番抢救，病人的病情丝毫没有好转。专家组决定给病人进行气管插管，应用呼吸机辅助呼吸。就在给病人插管时，因为病人剧烈咳嗽，大量痰液带着血腥从插管处喷出，喷洒在医护人员身上。顿时，抢救室里充满了病毒。

邓练贤非常清楚自己的处境，然而他和同事们没有一人退缩。经过3个多小时的抢救，病人终于脱离了危险。但是他却把病毒传给了邓练贤以及在场的医护人员。

接下来的几天，重症病人相继被送到中山三院，邓练贤每天都要连续工作 10 多个小时，他和同事们根本无法按时吃饭、休息。他患有严重胃溃疡，每天回到家中，满脑子都是抢救病人的场景，根本无法入睡……

大年初四早上，邓练贤突然感觉不舒服，发烧、咳嗽。年近 50 岁的邓练贤倒下了。经检查，肺部出现炎症阴影。他感染了“非典型肺炎”，住进了自己工作的医院。

在邓练贤被确诊患上“非典型肺炎”之后，医院相继又有 20 名一线医护人员也病倒了。他们中的大多数都是参加救治之前那位周姓病人的医护人员，有 4 人是早期专家组中的成员。感染了“非典型肺炎”的医护人员，经过救治，陆续痊愈出院，而邓练贤却再也没有回来。

2004 年 4 月 21 日下午 5 时 45 分，邓练贤因全身多器官功能衰竭，永远闭上了双眼。

邓练贤一生都在与传染病病毒做斗争。在他感染“非典型肺炎”后，他还躺在病床上，不断与同事打电话交流。即使后来转入了 ICU，病情恶化，他还是坚持配合医生治疗，并经常主动将自己的情况告诉医生。

邓练贤倒下了。在抗击“非典型肺炎”的战斗中，他英勇奋斗、不怕牺牲的精神为战友们指明了方向。在邓练贤等人的经验基础上，相关专家一步步加深对“非典型肺炎”的认识，一步步优化治疗方案，最终打赢了抗击“非典型肺炎”的战争。

60 许振超：大国工匠，书写中国效率

他是一位“老码头”，刷新纪录是他的常态，“振超效率”让他享誉全球。“干就干第一，争就争一流”是他的座右铭，他用科技描绘港口事业的未来，用行动和实力擦亮中国工匠的名片。

1974 年，24 岁的许振超进入青岛港工作。那时候，没有人想到，这个只有初中学历的普通码头工人，会成为未来行业的领头人。

进入青岛港工作的第十年，许振超进入港口集装箱公司固机队。刚到公司时，他对一切都很陌生，对眼前的新设备更是闻所未闻。为了尽快掌握新设备，他白天学操作，晚上看理论，有疑难困惑就向技师工友请教，仅用 7 天就学会了操作当时最先进的起重机械，成为同批工人中最早进行独立操作的人。

刚开始操作时，许振超总是稳不住钩头，钢丝绳也一直打晃。为了把“会开”变成“开好”，许振超就在别人休息时加练，反复练习倒钩、稳钩，时间长了，也就练就了他的绝

活——“一钩稳”。后来，他在装粮食时发现因为粮食颗粒小，装起来比矿石更难。于是，他又想出了法子，用桥吊吊起一桶水，保证在钩头行进过程中滴水不漏。这样再去装粮食时，便会平平稳稳，这也成了他的第二项绝活——“一钩清”。有了这两项绝活的加持，工人们都喜欢与许振超搭班。作为公司第一批桥吊司机，许振超在工作中表现非常积极，没过多久就被评为最佳桥吊司机。

为了实现自己成为能工巧匠的梦想，他又开始钻研桥吊的构造，打破桥吊出现故障时还要请外国工程师来修的尴尬。为此，他每天都将桥吊的备用控制板带回家，专门装了一个100瓦的大灯泡用来观察上面的电路，然后再用纸笔一点一点临摹出来。许振超用了4年的时间倒推了12块模板，做出了整整两大摞完整详尽的电路图。他渐渐地掌握了各类桥吊的技术参数和设备性能，不仅能排除一般的故障，还能检修仪器配件，成了真正的桥吊专家。回忆起那段时间，许振超说：“那时真是如饥似渴地学习，想要尽快掌握现代化的装卸技术。”

20世纪90年代，远洋集装箱航运快速发展，有几条重要航线在青岛港开放。许振超意识到，这对青岛港和码头工人都是一个很好的机遇。“我们要凭自己安全高效的技能体现自己的实力。”许振超向在一线的桥吊队队员们提出了更高的要求：练好自己的技能，保养好设备，时刻接受任务和挑战。

1997年，一艘装满剧毒化工危险品的货船来到青岛港，装卸工作危险程度极高，此前几个港口都不敢接这个活儿。而许振超决定接下这个重任。“我知道其中的利害，操作过程一定要谨慎，绝对不能有任何差池。”当装有化工危险品的集装箱被安全、高效地卸下来，现场很多人惊讶，怎么就“悄无声息”地干完了。许振超自豪地说：“无声响作业嘛。”人们纷纷竖起了大拇指，夸赞“青岛港码头工人真了不起”。

远洋航线对装卸时间要求非常高。“有一条航线，当时给我们的时间是 6 至 8 小时，如果完不成，人家立马开船走，那么就意味着我们会丧失这个机会。”许振超仍然记得当时货船非常大，第一个航次要求 8 小时，他们在 6 小时干完了；第二艘船要求 8 小时，他们 5 小时干完了；第三条船，装卸过程却出现了问题。当时一名桥吊司机操作不慎，集装箱被卡住。在紧急处理好故障后，他们仍然在 8 小时内完成了装卸任务。连续做了三个航次以后，青岛港打出了“漂亮”的口碑和影响力，这条航线也被评为“精品航线”。

1994 年，许振超正式加入中国共产党。无论在入党之前，还是在入党之后，他始终以党员的标准严格要求自己。脚踏实地把工作干好，是他想得最多的事。如今，青岛港自动化码头拉开了国内建设全自动化码头序幕，创造了世界集装箱码头行业一个又一个奇迹。

“时代催着我学，催着我进步，波澜壮阔的改革开放成就了我，更成就了我们工人。”全国劳动模范、改革先锋、最美奋斗者……光鲜亮丽的背后是日复一日的付出和努力。坚守岗位，开拓创新，许振超用自己的奋斗为工匠精神注入时代内涵。

61 徐虎：爱岗敬业思奋斗，平凡岗位铸辉煌

一个出身平凡的水电工人，首创夜间义务挂箱服务，数十年如一日雷打不动地为群众排忧解难，谱写出一首新时代的雷锋之歌。

徐虎出生于上海一个普通的工农家庭，家境并不宽裕，父亲是普通工人，母亲也只是个菜农。从进入学校读书开始，徐虎便一直依靠着学校的助学金维持生活。徐虎的父母从小就教导徐虎，一定要记得党和国家的恩情。回报国家和社会的种子从小就在徐虎心里埋下了。

徐虎

进入社会后，徐虎成了一名水电修理工。这并不是一个轻松的工作，在很多人

看来甚至都不够体面，但徐虎却不在乎。“身有一技之长，不怕家中断粮。”干水电修理，脏和累在所难免，但好歹是靠自己的努力来生存，更是为人民服务。怀着这样的信念，徐虎开启了他的职业生涯。

心中的理想很美好，但当徐虎第一次到居民家中上门服务时，还是傻眼了。那位居民找徐虎来修理堵塞的抽水马桶，但他怎么也没有料到，溢出的粪水和草纸淹没了整个卫生间，想找个立足之地都成了难事。焦虑踌躇之间，徐虎有点畏难了。但他转头看见居民焦急的脸，心中又想：“自己干的就是这行，职业工人都不行，居民又该怎么办？”想到这，徐虎不顾糟糕的环境，硬着头皮去修理马桶。就在徐虎忘我干活的时候，居民还为他准备了茶水。修理完毕后，居民又对他频频道谢，甚至给房管所写了一封信感谢徐虎。这件事深深触动了徐虎，在他看来，这只不过是做了自己的本职工作，就收到这样的感谢，那自己更得尽心工作了。

从那之后，只要一有空，徐虎便拿起书本潜心学习，提升自己的水电修理技术。居民报修，他总能以最快速度及时赶到，迅速帮居民解决难题。居民要给他酬谢，他总是以分内之事为由婉拒。在日复一日的辛勤工作中，徐虎的修理技术日益精进，居民对徐虎的表现赞不绝口。

在日常工作的积累中，徐虎发现：大多数家庭的用水用电高峰是在每天的下班时段前后，这一时段的水电故障也最频繁，而最大的问题则是多数水电工也在这个时候下班。

1985年，徐虎在其负责的地区悬挂上了3只“水电急修特约报修箱”，上面写道：“凡属本地段的住户，如有夜间水电急修，请写纸条放入纸箱内。本人将为您服务，开箱时间：每晚7点，中山北路房管所徐虎。”

从那一天起，此后的10多年间，徐虎便再也没有过周末和节假日。徐虎总是会准时背上工具包，骑上他的那辆旧自行车，直奔这3只报修箱，然后按照报修单上的地址，走了一家又一家。10多年中，他从未失信于他的用户。徐虎累计开箱服务3700多天，共花了7400多个小时，为居民解决夜间水电急修项目2100多个，被群众誉为“19点钟的太阳”。但徐虎却说：“我是平凡人，只不过努力做好平凡事。”徐虎的事迹至今还在民间广为传颂。2002年，徐虎调任上海西部企业集团任物业总监。虽然岗位和角色变了，但“辛苦我一人，方便千万家”的信念始终不变。

如今，徐虎不仅将自己的专业知识和从业经验传授给更多弟子，形成了“徐虎效应”，还开通了24小时在线的“徐虎热线”，专为人民解决生活难题。在他看来，物业管理和服务虽然技术含量不高，但要真正做到位、做到家，必须下苦功夫。

徐虎先后5次被评为全国劳动模范，当选“100位新中国成立以来感动中国人物”、全国优秀工人代表、全国优秀共产党员……无数荣誉的背后，是数十年如一日的坚持，更是一颗为民的公心。

62 李雪健：用角色诠释人物，用生命演绎人生

他是党的好干部焦裕禄、人民公仆杨善洲，他也是好人宋大成，他还是及时雨宋江……荧幕上，他能七十二变，他就是演员李雪健。

“让观众记住角色，忘掉演员，这是一个演员该有的境界。”从影 40 多年来，李雪健坚持用“角色”与观众交朋友，塑造的每一个荧幕形象都深入人心，让人印象深刻。这一切都归功于他对演戏的无限热爱和刻苦钻研。

李雪健是如何与表演结缘的？这还要从他小时候说起。1954 年，李雪健出生于山东菏泽的一个农村家庭，11 岁跟着父母去了贵州。在那里，他经常受同学欺负。他发现，学校宣传队的演员特别受人尊敬，于是，为了内心小小的“尊严”，他报名加入了学校宣传队。从此，他与表演结缘。入伍后，他加入文工团，正式开始了自己的演艺生涯。

李雪健人生中的第一个角色是在话剧《九一三事件》中饰演林彪。这是难得的机会，他既兴奋又紧张，一点儿也不敢怠

慢。为了演好这个角色，李雪健从“外”到“内”，“玩儿命”地准备。在“外”，他剃了光头，减掉20多斤体重，力求在形象上与林彪相符；在“内”，他反复听林彪的录音，仔细揣摩人物心理。

终于，付出得到了回报。饰演林彪这一角色为他带来了“梅花奖”，这是中国戏剧最高奖。那时，李雪健只有26岁。这个奖既是对他表演的肯定，也是对他未来演艺事业的鼓励和鞭策。

1990年，李雪健36岁，迎来了演艺生涯的第一个高峰。电视剧《渴望》横空出世，一夜之间，他饰演的好人宋大成走进千家万户，李雪健也成了家喻户晓的“偶像”。同年，他接拍了电影《焦裕禄》。刚开始因为太胖，没有自信，他决定减肥。剧组的人在吃饭的时候，他只喝白菜汤，一个月就暴瘦20多斤。有人劝他别把身体弄坏了，李雪健却说：“既然接下了这个角色，就要对得起观众。”

功夫不负有心人，《焦裕禄》取得巨大成功，李雪健夺得“金鸡奖”最佳男主角奖和“百花奖”最佳男演员奖两个大奖。颁奖典礼上，他真诚朴实地说：“苦和累，都让一个好人焦裕禄受了。名和利，都让一个傻小子李雪健得了。”

大器晚成的李雪健并没有就此停步。21年后，李雪健又接拍了《杨善洲》。为了演好杨善洲，他跑到大亮山，亲身体验杨善洲的生活，连续几个月，穿他穿过的衣服，睡他睡过的床，走他走过的山路。李雪健再次通过精彩的表演，让观众记住了另一位人民的好书记——杨善洲。《焦裕禄》和《杨善洲》也成了李雪健演艺生涯的两座丰碑。

在演艺事业的上升期，李雪健遭遇了一场生死考验。2000年，在拍摄电视剧《中国轨道》时，戏刚拍了一半，他被查出患上咽喉癌。为了不影响拍摄，他果断放弃手术，选择保守化疗。那段时间，他边治疗边拍戏，每天先到医院化疗，然后再回剧组完成拍摄。

拍完戏，李雪健开始了漫长的抗癌之路。治病的过程很痛苦，他有几次想要放弃。好在有众人的陪伴和支持，李雪健终于战胜病魔，重新回到了他热爱的荧幕。然而，这次疾病导致他听力下降，日常生活中需要佩戴助听器，发音也不如原来清晰了。这对于一个演员来说，是很大的挑战，但他依然坚持用角色和观众对话。

这些年，他接的戏少了，但每一个角色都深入人心。从《搭错车》中的哑巴老汉，到《嘿！老头儿》中颤颤巍巍的患帕金森综合征的老头，再到《少帅》中的张作霖，都是他拼尽全力演出来的。

要演戏先要学会做人，生活中的李雪健与好人宋大成颇为相似，是大家公认的老好人。“认认真真做事，清清白白做人”是他一生的写照，表演则是他的第二生命。作为一个演员，他借角色传达思想，借角色张扬善良，抵制邪恶，弘扬社会主义核心价值观。

63 戴碧蓉：为发展残疾人事业，尽“一臂之力”

如今，提到“戴碧蓉”这个名字，大多数年轻人并不知晓。小学语文课本中曾出现的《小英雄戴碧蓉》课文，可能会唤起很多20世纪50年代到80年代出生的人的回忆。

戴碧蓉

1968年9月14日下午，11岁的戴碧蓉挎着小篮子去捡野菜。当走到株洲车站调车场时，她看到3个小孩正在铁路上玩耍。忽然，一列列车正顺着斜坡往下溜。戴碧蓉来不及思考，迅速飞奔过去，先后将一个不满6岁的男孩和一个不满4岁的女孩抱下来。这时，列车距离最后一个小男孩只有两三米远。小男孩吓呆了，来不及躲闪。危机之中，戴碧蓉奋不顾身地冲上去，拼尽全身力气，将小男孩推出轨道，右脚刚跨出铁轨时，悲剧发生了，铁轮从她的左腿和左臂上碾了过去。

戴碧蓉成了家喻户晓的小英雄。然而，光环褪去，一切都恢复了平静。戴碧蓉失去了左腿和左臂，生活很不方便。仅仅为了学会扎头发，她就整整练习了 7 年。在困难面前，戴碧蓉从未退缩，她学会了单脚走路，学会了做家务，完成了高中学业。

在她饱受残疾之苦的同时，又饱尝生活带来的沉重打击。她经历了丧子之痛，经受了癌症的折磨，但苦难并没有击垮她。每当看见那些挣扎在底层的残疾人，戴碧蓉都有一种切肤之痛。一直以来，她都有一个愿望，想为广大残疾人做点事情。

1998 年，在社会各界的帮助下，“戴碧蓉热线”开通了。这是她迈出走向残疾人事业的第一步。她通过自己的经历，给残疾朋友排忧解难。她曾经接过一个长达 7 个小时的咨询电话，从晚上 10 点，一直说到第二天早晨 5 点半。

2000 年，戴碧蓉迈出了走向残疾人事业的第二步，办起了“株洲市戴碧蓉服装厂”。这是残疾人自己的工厂，在这里，广大残疾人享受到了平等。面对“英雄也要下海求财”的嘲讽，她坦然面对。她用赚的钱去帮助更多的人。

2003 年底，“戴碧蓉助残专项基金管理委员会”正式登记注册。戴碧蓉拖着伤残的身躯，为基金会四处奔走，筹集款项。十几年来，基金会免费为白内障患者实施复明手术，为肢体残疾人免费安装义肢。她顽强不屈，在助残的道路上不停跋涉着。

戴碧蓉先后担任湖南省株洲市残疾人联合会副理事长、湖南省残疾人联合会肢残协会副主席。2013 年，戴碧蓉首次参加全国人民代表大会。她带去了关于残疾人就业、教育、医疗等在内的 7 项建议。

戴碧蓉小时候被誉为“欧阳海式的小英雄”，长大后她是“全国自强模范”，现如今是“最美奋斗者”。四十年如一日，她为残疾人事业不断奋斗，为广大残疾人撑起了一片天。

64 毛相林：脱贫攻坚路上的当代“愚公”

毛相林是全国脱贫攻坚楷模。20 多年来，他矢志不渝，带领村民劈山开路，发展产业。在脱贫攻坚战场上，他用实际行动谱写出一曲感人至深的奋斗之歌。

重庆市巫山县下庄村是有名的“天坑村”，坐落在山谷的谷底，四面都是绝壁。从谷底到山顶的距离有 1000 多米。小时候，毛相林就常听老人们念叨：“下庄像口井，井有万丈深。”

2000 年以前，村里很多人一辈子都没出过村。如果要出村，也只能爬悬崖，翻峭壁，到县城得花两天时间，并且随时都有摔死的风险。因为缺少与外界的沟通和来往，那时候的下庄村是巫山县最穷的地方。老一辈也有过修路的想法，但都没有实现。毛相林作为村干部，下决心要修一条通往外界的路。他说：“不能坐等，要自己动手，劈山开路！”

1997 年，38 岁的毛相林迈出了修路的第一步。村民们用最原始的办法，一锤一锤地凿，一块石头一块石头地搬。

在悬崖峭壁上开路十分困难，头顶是滚落的砂石，脚下是深不见底的山谷。村民黄会元被滚落的石头砸中，不幸身亡。毛相林也一度动摇了修路的决心。但黄会元的父亲却说：“为了子孙后代，我儿子死得光荣！继续修！”于是，在毛相林的带领下，村民们不怕苦、不怕累，一干就是 7 年。为了完成这个祖祖辈辈都盼望着的大业，下庄村前前后后共有 6 人在修路过程中牺牲。

终于，2004 年春天，一条 8 千米的盘山小道完工了。从此，下庄村通往外面的大门打开了。“愚公”毛相林带领村民们完成了“移山”的使命。

路通了，村民们外出方便多了。但是村里没有产业，村民依然贫困。毛相林又一次站出来，带领大家开启了脱贫致富之路。

2009 年，毛相林看到其他村在种桑养蚕，也号召村民种桑树养蚕。桑树长得很好，但是下庄村的气候却不利于蚕的生长。没想到，致富之路的第一步就失败了。

失败反而激发了毛相林的韧劲：“失败了不要紧，继续干！”

2010 年，毛相林在县城吃到一种香甜的西瓜，他又动心了。有了上次失败的经验，这次他先请教农技人员，自己试种。可喜的是，西瓜长得很好。在他的带动下，下庄村终于有了第一个像样的产业。

2014 年，在专家的帮助下，下庄村又确定发展柑橘、桃、西瓜三大产业。

在毛相林带领下，下庄村终于打通了脱贫致富路。乡亲们种起了脐橙等水果，发展生态旅游。随之，一栋栋新楼拔地而起，一辆辆小轿车来来往往，日子一天比一天红火。

2015 年，曾经最穷的下庄村在全县率先实现整村脱贫。2019 年，村民人均收入达 12670 元，是修路前的 40 倍。

公路通了，村民们的腰包也鼓了。已年过六旬的毛相林依旧闲不下来。这两年，他说服年轻人回村，振兴乡村。

如今的下庄村，缓坡上小楼星罗棋布，大片柑橘林连绵起伏。曾经外出务工的村民中，已有 100 多人回来，为振兴家乡贡献着自己的力量。

2020 年 10 月 16 日，毛相林荣获全国脱贫攻坚奋进奖。“奋进”这两个字是毛相林不断奋斗、不懈前行的最好注脚。他不等不靠、敢想敢干，在脱贫攻坚的伟大征程中，凭借着顽强的“愚公”精神，为大家开启了致富之路。

65 支月英：无悔入深山，点亮教育希望

“不是因为看到了希望才坚持，而是坚持了才有希望。”这是2019年教师节前夕上映的电影《一生只为一事来》中女主角支月英的话。扎根深山40多年，支月英最常念叨的是：“要让更多的孩子走出大山，摆脱贫困。”

1980年，19岁的支月英来到江西省奉新县澡下镇泥洋小学，成为一名光荣的人民教师。怀着献身教育的理想，支月英来到泥洋小学，开始了自己的乡村教师生涯。

从奉新县城坐班车，先是100多里颠簸的山路，再步行转过几十道弯，走20多里的小路，绕过座座悬崖峭壁，才到了海拔近千米坐落在山坳里的学校。这是支月英第一次到泥洋小学的经历。到学校时已是傍晚，没有围墙，教室昏暗潮湿，窗户不全，除了一块木制的旧黑板和拼凑的课桌椅，再无其他。晚上，不时传来鸟兽的怪叫声。躺在简易木床上，支月英辗转反侧，彻夜未眠。隐约之间，支月英心里有点后悔。

第二天，支月英一进教室，看到几十个朴实天真的学生，

还有一双双渴望知识的眼睛。她想，城里的学生可以享受好的教育，山里的学生也要有人教啊。支月英暗下决心，自己一定要留下来，要做深山里的一缕阳光，开启山里孩子们的光明未来。

但现实远比想象中残酷，工作和生活的条件差到超出人的想象。泥洋小学位置偏僻，人烟稀少。学校不通汽车，山路陡峭，玻璃难以完整运上山，支月英自己掏钱买来塑料薄膜装在窗户上，勉强抵御冬日刺骨的寒风。孩子们的课本、粉笔等教学用具都是靠她和同事步行二十多里山路肩挑手提运到学校的。

山区里有的父母不让女孩子上学，支月英就挨家挨户上门做工作，不让一个孩子辍学在家。20 世纪 80 年代初，有些家庭交不起学费，她就帮忙垫付，有时自己买米买菜的钱都不够了……

支月英认真地备课、上课、改作业，教学生们语文、数学，还教他们唱歌、画画，与学生们一起玩耍，陪着学生们长大。一天又一天，一年又一年，支月英在这里坚守着。在她的努力之下，教学点学生成绩综合评估每次都排在全镇前列。

23 岁那一年，支月英当上了泥洋小学的校长，兼管两个村小学。学校设施简陋，“入学率”“巩固率”“普及率”都不高，支月英带着身边同事就地取材，一边完善基础设施，一边走门串户，给家长反复做工作，让当年学校的“三率”高达 99.5%。

随着农村城镇化建设不断推进，泥洋小学规模逐步缩小，教师越来越少，最后只剩下支月英一人，她成了语文、数学、音乐、体育都要教的全科老师。2012 年，泥洋小学撤销，组织上决定调她下山到中心小学任教。家人以为支月英终于可以下山了，然而，比泥洋村更远更艰苦的白洋村村民联名请求支月英前去任教。怀着对家人的愧疚，支月英再一次放弃了下山的机会。支月英不仅成了几十名留守孩子的全科老师，也成了他们的“支妈妈”。为路远的孩子做午饭，为孩子买衣服、买学习用品、缴保险费……

这一年夏天，为了解决白洋村教学点校舍破旧的问题，上级决定新建校舍。支月英每天起早摸黑，一边教学，一边监督施工。整个暑假，支月英都是在学校度过的。如今，校舍宽敞明亮，乡亲们看到崭新的学校，感动不已。考虑到支月英的身体状况，组织上多次给予她调动的机会，但她都婉拒了。坚守大山 40 年，看到学生们一个个走出了大山，支月英觉得自己来山区任教很值得。

一分耕耘一分收获。2017 年，支月英被评为“感动中国 2016 年度人物”，2019 年获评“最美奋斗者”。她还获得“全国模范教师”“全国教书育人楷模”等多项荣誉。

跋涉了许多路，总是围绕着大山；吃了很多苦，但给学生们的都是甜。支月英扎根教育一线 40 年，奉献初心不改，支月英用心点亮了祖国未来的希望。

66 秦文贵：奋斗在戈壁荒漠的劳动模范

他是一位追梦人，在每次做出选择时，他都选择最困难的柴达木；他忠诚于党的事业，不忘初心，牢记使命；他始终以奔跑的姿态感召着新时代的年轻人。他就是中国青年五四奖章获得者、全国劳动模范秦文贵。

1961年9月，秦文贵出生在河北省平山县一个小山村。恢复高考后，秦文贵顺利考上了华东石油学院。几年的大学时光，让他成长为一名石油知识分子。1982年，大学毕业后，他选择到青海油田基层井队工作，也由此开启了他的职业生涯。

秦文贵

“天上无鸟飞，地上不长草，风吹石头跑，氧气吃不饱。”这是柴达木的真实写照。秦文贵非常清楚那里的环境，但是他也知道那里的石油、天然气储量丰富，发展潜力大。于是，他怀揣着豪情，踏上了前往柴达木的征途。

然而，下了班车，迎接他的是一阵阵黄沙，打得脸生疼。在去柴达木之前，他想象过这里的艰苦，但是眼前的情景完全超乎了他的想象。几间破旧的泥坯房，既是办公室，也是宿舍。他在艰苦的环境中住了下来。

刚工作时，秦文贵干的是一些“杂活”，扫钻台、擦机器、收工具……尽管是小事，但他从不抱怨，时刻准备迎接新的任务。一天夜里，井喷了，数千米深的盐水泥浆喷涌而出。如果不立即处理，后果不堪设想。危急时刻，秦文贵和钻工们奋不顾身跳进泥浆中，经过一番努力，终于成功遏制住了井喷。

秦文贵在最艰苦的井队一干就是5年，日复一日的工作磨炼了他的意志，也促使他更深入地思考。他意识到，青海油田发展缓慢，一方面是因为自然条件恶劣，另一方面是技术装备落后。他告诉自己：“在艰苦的地方工作苦熬不算真本事，必须艰苦奋斗，自强奋起，干出一番事业才有真正的价值。”

于是，他不断钻研，读专业书，看英文资料。秦文贵用自己学到的知识解决了一个又一个难题。有一次，他为了攻克一项技术难关，放弃了休假，送走前来探亲的妻子，全身心投入到研究中。经过半年多的努力，试验获得了成功。

1992年2月，秦文贵被选派到加拿大卡尔加里大学进行为期13个月的学习。他在同期学员中脱颖而出，当地一家知名石油公司曾邀请他去上班，秦文贵毫不犹豫地拒绝了，毅然回国，又回到了青海油田。

1997 年 5 月，秦文贵荣获中国青年五四奖章。获奖后，很多东部沿海的公司都想聘请他。秦文贵一一拒绝了。他已经离不开那个奋斗了 20 多年的地方了。

秦文贵以戈壁荒漠为家，在条件艰苦的西部油田不断奋斗。他用科学知识攻克了一系列技术难关，把一腔忠诚献给了我国西部油田的开发和建设。

67 李素丽：辛苦我一人，方便众乘客

她曾经是北京一名普通的公交售票员；她干一行、爱一行，在三尺票台上兢兢业业；她曾是全国劳模，成为全国学习的模范。她就是李素丽。

20 世纪 90 年代，李素丽的名字家喻户晓，她的精神激励一代又一代劳动者。其实，李素丽最初的愿望并不是当售票员，她喜欢播音主持，她曾报考北京广播学院，却因 12 分之差，与梦想失之交臂。

1980 年，她到北京公交集团工作，成为 60 路公交车售票员，每天拿着扩音器，把公交车厢变成了新舞台。渐渐地，她爱上了这一行。

后来，李素丽到 21 路公交车上工作。21 路公交车北起北京北站，南至北京西站，车上都是南来北往的外地客人。不论是外国人，还是外地人，来北京的第一印象往往是 21 路公交车。

"礼貌待客要热心，照顾乘客要细心，帮助乘客要诚心，热情服务要恒心。" 这是李素丽为自己定的服务原则。她是这么

说的，也是这么做的。

工作多年，李素丽练就了一身本领，她努力根据不同乘客的特点给予服务。遇到老幼病残孕，她总是快一步上前搀扶；见到上班族，她总是慢一点关车门，等等他们。这一快一慢，彰显了李素丽为他人着想的品德。如果遇到外地乘客，她总是耐心地给他们指路，并提醒乘客在哪一站下车。除此之外，她还在车上准备了塑料袋，以备有人晕车呕吐。日复一日，她的热情和真诚换来了乘客的高度赞扬。

工作之余，她还不断钻研服务的学问，拜劳模为师，到先进车组观摩、学习经验。为了更好地服务乘客，她又学会了英语、哑语和一些方言。不论遇到什么样的乘客，她都能应付自如，似乎什么困难都难不倒她。

从 1992 年起，她的事迹逐渐走向大众的视野，荣誉、奖章也接踵而至，她也体会到了当售票员的乐趣。她总说："如果你把工作当作一种乐趣，那么，工作会越来越好。如果你能找到工作的乐趣，那么，再苦再累也是心甘情愿的。"

1996 年，李素丽被评选为全国劳动模范。人们一提到她，想到的都是她面带微笑、为乘客跑前跑后的样子。她喜欢在车厢里穿行售票。她说："对外我代表中国，对内我代表北京。""辛苦我一个，方便众乘客。"她根据自己多年的工作经验，创造出了"李素丽服务法"。为此，李素丽感慨："每一条公共汽车的线路都有终点站，但为人民服务没有终点站，我会永远用自己的真情和奉献同大家一起走向明天！"

1999 年，公交服务热线成立，李素丽又被调入服务热线，担任负责人。岗位变了，但是为人民服务的宗旨没有变。无论是在一线当售票员，还是在管理岗位，李素丽始终努力践行着“一心为乘客，服务最光荣”的工作理念，为广大乘客不断热情服务着。

68 王逸平：用生命书写“药神”传奇

“至少还能工作十年，想再多研发几种新药。”这是一位即将走到生命尽头的克罗恩氏病患者，也是出色的药物研究工作者——王逸平在临终前的愿望。

1980年，王逸平考取了上海第二医科大学医学专业。大学期间，他学习刻苦用功，成绩优异，毕业后继续留在学校攻读药理学专业硕士。1988年研究生毕业后，王逸平进入中科院上海药物所工作。

8年的专业学习使王逸平对药理学及相关知识产生了浓厚的兴趣，打下了良好的学识基础。31岁时他便已经成了药物所当时最年轻的课题组长，长期负责心血管药物的药理作用机制研究以及心血管药物研发。

1994年，王逸平开始正式从事药理学相关工作。当时他的同事宣利江因为在博士论文中面临“丹参水溶性成分的活性筛选”这一难题而找到了同为博士生的王逸平。自此，两人开始了长达十几年的合作。

经费不足、设备落后是我国早期的科研团队面临最多的问题。而在王逸平看来，最好的对策便是比常人多付出百倍的努力。没有先进的仪器，就借白天不方便外借，那么就晚上做实验。克服了一系列难题后，王逸平的团队夜以继日地投入到“丹参水溶性”这一课题的研究中，加班加点，熬夜实验早已成了家常便饭。

一天，王逸平正在为同事送来的100多种丹参水溶性成分和化合物做测试，丹参乙酸镁的实验数据令他眼前一亮：它的生物活性很强。王逸平猜测，这可能就是丹参中最主要的药用成分。

经过13年的不懈努力，王逸平带领研究团队刻苦钻研，提出了以丹参乙酸镁为质量控制标准来研制丹参多酚酸盐粉针剂的做法。这一针剂于2006年成功投入市场使用，对于治疗冠心病、心绞痛等临床疑难杂症具有显著的效果。

在进行丹参多酚酸盐研究的同时，从1997年开始，王逸平持续21年主持对硫酸舒欣啶的药理学研究。2018年1月完成第二期临床试验，并获得了多国的发明专利授权。

对待科研一丝不苟的王逸平，对待自己的学生也十分贴心。王逸平说：“培养一个研究生不容易，我们要想想，应该怎么做才能对得起国家的投入。”生活上和风细雨，治学上严格要求，他深受学生爱戴。

1993年，年仅30岁的王逸平被确诊患上克罗恩氏病。这是一种慢性疾病，只能靠药物缓解病情，王逸平非常清楚，他的身体状况越来越差了。他又想着，不能就这么倒下，必须和时间赛跑，抓紧研制新药。所以他的办公室冰箱里常备注射针剂，自己诊断自己的病情，需要时自己进行注射，从不在团队成员和学生面前主动提起病情。由于病情的原因，他不得不切除一部分小肠，哪怕再疼，也只是默默地给自己注射一针止痛剂。

在与病魔争分夺秒的赛跑中，他一次次强忍病痛，攻克了一个又一个科研难题。生命的最后几分钟，他依然靠着止痛剂坚持工作，直到在他办公室的沙发上渐渐停止了呼吸。

对药学研究“以身相许”的王逸平，直到生命尽头，都想着为祖国和人民的健康，再战一个回合。

69 任长霞：警界女神，人民的好卫士

“作为一位领导，也要记住你是一个警察，要事事、时时、处处为大家考虑，要用自己的言行来教育大家，影响大家。”这是人民警察任长霞一直挂在嘴边的话。2004 年 4 月 14 日晚，任长霞在办案途中遭遇车祸，倒在了她所热爱的那片土地上，年仅 40 岁。葬礼当天，登封市 14 万市民自发组成庞大的送葬队伍，送别这位为人民奉献一生的好警察。

任长霞出生于河南省商丘市睢县一个普通的工人家庭，出身平凡，家境也不富裕。但她读书很用功，成绩也很优秀。

有的人把自己的梦想变成职业，并用一生去热爱和践行，任长霞就是其中之一。看着电视上那些身着警服、英姿飒爽的警察，他们心系百姓、抓捕罪犯、为民除害。

理想的种子在心底种下，她也想成为一名为百姓服务的人民警察。功夫不负有心人，她以优异的成绩考上了河南警察学院。1983 年，任长霞警校毕业后，被分配到郑州市公安局中原分局从事预审工作，如愿以偿地成了一名警察。

在职期间，任长霞始终不忘自己的职责与使命，时刻牢记自己身为警察应该做什么。不管案件的大小，任长霞总是第一时间赶到案发现场，冲在办案第一线。

虽然是女警察，但任长霞表现出巾帼不让须眉的勇气。在此期间，她协助破案 1072 起，追捕犯罪嫌疑人 950 余人，创造了河南公安预审史上的突出业绩。除此之外，她还多次获得职业技能大赛第一名。1988 年 11 月，任长霞出任郑州市公安局技侦支队队长。上任后，任长霞带领她的团队接连破获多起重大案件，队内上下都对她赞不绝口。1992 年 12 月，任长霞加入中国共产党。2001 年 4 月，任长霞调任登封市公安局局长，成为河南省公安系统有史以来第一位女公安局局长。

那时候的登封，是河南省案件高发区，破案率极低。在全市 30 多个职能部门的综合测评中，登封市公安局连续多年倒数第一。

上任后，任长霞立即展开走访调研，了解登封市的治安情况。调查后，任长霞立即开始整顿登封市的公安队伍。2001 年 4 月 25 日，任长霞成立了“控申专案组”，以“立足化解，妥善处理”的方式，深入群众，解决了众多市民的问题。除此之外，为了更好地倾听群众的呼声，任长霞还把每周六定为“局长见面日”。为摘除公安队伍中存在的毒瘤，任长霞大力整治全市公安队伍中的腐败问题，深挖基层中的害群之马，惩处违法犯罪的干警。

任职期间，任长霞还时刻关注着弱势群体的权益保护。对于涉及妇女儿童的案件，任长霞总是亲力亲为。同时，她还成立了妇女维权专项小组，专门处理侵害妇女案件。

三年时间，在任长霞的带领下，登封市公安局在全市的民主行风评议中，由倒数第一名进入前五名，获评河南省人民满意的政法单位。

2004 年 4 月 14 日晚，任长霞在郑州市公安局汇报完工作，连夜赶回登封部署一起重大案件侦破工作，途中不幸遭遇车祸牺牲，年仅 40 岁。2004 年 5 月 1 日，任长霞被追授“全国公安系统一级英雄模范”称号。

从警21年，任长霞始终把人民群众的疾苦和安危放在心上，任职期间多次立功获奖，先后获得全国五一劳动奖章、全国青年岗位能手、全国三八红旗手、全国优秀人民警察等各种荣誉称号 40 余次。因为出色的办案能力，任长霞成了人人称道的侦探，被人们亲切地称为“女神警察”。

70 邹碧华：忠诚敬业的“燃灯者”

什么是成功？对于这个问题，可能每个人都有不同的理解。

有人认为，有万贯家财是一种成功；有人认为，有至高无上的地位是一种成功。而邹碧华给出的答案是：“判断自己人生成功的标志，是看我帮助过多少人走向幸福！”

邹碧华，生前曾任上海市长宁区人民法院院长、上海市高级人民法院副院长等职务。作为一名法官，在他 26 年的司法职业生涯中，他严于律己、刚正不阿，为司法事业不断奋斗。

早在邹碧华小时候，法官的种子就在他心中扎了根。每当看到身边穿着制服的法官时，他就心生敬佩。从那时起，他立志以后也要成为一名为民服务的法官。

1984 年，邹碧华如愿被北京大学法律系录取，离自己的梦想又近了一步。在校期间，他刻苦学习法学知识，毕业后，顺利考入上海市高级人民法院，当了一名书记员。第一时间，他给母亲打了个电话，母亲告诉他要做一名有良知的法官。此后，母亲的话成了邹碧华毕生追求的目标。那时，他只有 21 岁。

邹碧华有三句常讲的话：“没事，我不累。”“你们先去忙吧。”“没事，有我在就行。”他白天在外奔波，晚上还要读书、写文章，就连假期时间都被安排得满满的。在他 20 多年的法官生涯中，他始终坚持执法为民，有些事本不属于他管，但是只要他知道了，他都亲力亲为，为民众解决难题。

2008 年，一位 80 多岁的独居老人在一场火灾中不幸身亡，老人的子女把物业告上法庭。通过调查，火灾有可能是由老人用电不当造成的，因此法院判原告败诉。老人的子女开始不断上访。直到 2013 年 5 月，邹碧华接待了上访者，仔细聆听了事情的经过后，心情凝重。他亲自带队勘察火灾现场，调查发现，当年建设地铁的时候，施工方因施工不善，破坏了消防功能，导致火灾发生时，附近消防栓都不能出水。邹碧华带队顺藤摸瓜，要求相关责任人承担各自责任。最终，电力部门、地铁建设方、道路施工方等均承担相应的社会责任，筹措资金予以人道赔偿。这样的结果让上访者非常满意。

虽然法律是冰冷的，但邹碧华对有诉求合理的上访者，想方设法帮其解决问题，把法官的人文关怀延伸到了法律之外。

不仅是信访，在邹碧华的法官生涯中，他审理、参与的民事、商事、执行、少年审判等案件，无一不显示出他在法律专业上的睿智和对当事人的体恤。

邹碧华后来就任上海市高级人民法院副院长。随着职位越高，权力越大，他肩上的担子也越来越重。

2013 年，上海被确定为全国首批司法体制改革试点区之一。

推进司法改革的重担落到了邹碧华的肩上。司法改革之路困难重重，因为没有先例可借鉴，他只能摸索着进行。

本次改革的最大难点是法官“员额制”。在法官比例大幅压缩的情况下，大部分现任法官将无法进入法官序列。有人提出按照资历、职务“论资排辈”，这是既简单，又不得罪人的方法。

但是，如果这样做，很多一线基层法官将无法进入员额序列，反而给一些常年不办案的人增加了机会。这既不合理，也不公平。那么，怎么科学合理地考核，才能留下有能力、能办案的法官呢？

邹碧华坚决反对“一刀切”。为了找到科学的方法，他请来调查公司进行专业分析，结合全市法官的工作数据，创造出一套“案件权重系数”，用来科学分析法官办案质效。有同事劝邹碧华“悠着点，少得罪人”。他说：“改革怎么可能不触及利益，怎么可能没有争议？该担当时必须担当。”

面对重重压力和各方质疑，邹碧华都一一顶住了。为了改革成功，他从来没有打退堂鼓，始终坚持在改革一线，甘当“燃灯者”，只为在人间点亮正义之灯。他白天奔波于各个基层，了解基层情况；晚上查阅文献，研究其他国家和地区的法官职业保障制度。邹碧华半年多时间里参加了 30 多场座谈会，历经 34 稿，他参与主持起草的《上海法院司法改革方案》终于完成了。最后的方案采纳了新的“员额制”改革措施，避免了“一刀切”。邹碧华不畏艰难，以敢于担当的勇气和过人的智慧迎难而上，攻坚克难、坚持创新，终于啃下了这块最难啃的“硬骨头”。

就在改革方案完成后不久，2014 年 12 月 10 日，邹碧华在前往一场司法改革推进会途中突发心脏病，经抢救无效不幸与世长辞，年仅 47 岁。

“法官当如邹碧华。”这是邹碧华去世后，网络上转载最多、引用最多的一句话。

邹碧华甘当法治的“燃灯者”，一生热爱着自己从事的司法事业，为中国法治建设、司法事业改革快速发展不断钻研、不懈奋斗。

71 马军武、张正美夫妇：守河护边 30 年

阿拉克别克河是中国与哈萨克斯坦的界河，被誉为“西北民兵第一夫妻哨”的军武哨所就坐落在这里。哨所的主人叫马军武，是新疆生产建设兵团第十师一八五团水管所职工。作为一名党员，他和妻子张正美在极端艰苦的环境中，甘于寂寞，以哨所为家，30 多年如一日，在边境线上巡边、守水、护林。

“我家住在路尽头，界碑就在房后头，界河边上种庄稼，边境线旁牧羊牛。”这是马军武和妻子的故事缩影。

故事要从 30 多年前说起。1988 年 4 月 23 日，阿拉克别克河遭遇洪水。由于我国的河堤比哈萨克斯坦的河堤低，凶猛的河水涌过河界，朝我方涌来。按照当时的国际惯例，中国和哈萨克斯坦的国界位于界河中心，河道到哪里，国界就划到哪里。如果不尽快堵住洪水，界河中心会随着洪水东移，这也就意味着我方将丢失 55.5 平方千米的国土。

情急之下，马军武所在部队以及周边边防部队，昼夜奋战，终于成功封堵住东涌的洪水。马军武的人生也由此改变。

他下定决心，要在这里护边守水。那年，马军武 19 岁，是他来一八五团的第一年。

马军武的主要工作是沿河巡视。巡边的同时，他还承担着给桑德克河龙口配水的任务，以保障下游农业灌溉。慢慢地，桑德克哨所被叫成了“军武哨所”。

1992 年初，马军武经人介绍结识了妻子张正美。从此，军武哨所成了夫妻哨，孤寂的荒漠多了欢声笑语。

结婚后，马军武和张正美本打算回到团部，谁料第二年开春就发了洪水。马军武对妻子说“明年再走吧”。30 多年来，阿拉克别克河的洪水周而复始，这句话他也说了 30 多年。

军武哨所周围自然环境十分恶劣，有人说：“春天被洪水吓死，夏天被蚊虫咬死，秋天被风沙刮死，冬天被冰雪冻死。”

夏天是最难熬的，到处都是蚊虫，30 多年里，养的狗就被叮死了 4 条。马军武自制了一种驱蚊剂，把来苏水、柴油、驱蚊剂、薄荷油、花露水混在一起，每 15 分钟涂抹一次。嫁过来之后，张正美从来没有穿过裙子。

对于马军武和张正美而言，守边也是守着孤独。伴随他们的只有戈壁的白杨树。他们的日子很节俭，却雷打不动地订报刊。早期每年 600 块的工资，在报刊上要花一两百。报刊让两口子有一份和外界保持联系的窗口。订报舍得花钱，但是看报纸却很费眼睛。因为哨所不通电，平时都点煤油灯。蜡烛 5 毛钱一根，但很稀缺，只有过年的时候才舍得点。

日子过得清苦，马军武却总是很乐观，他对张正美说：“条件会慢慢改善的。”

一年又一年，不知不觉中工作生活环境发生了巨大变化。30 年流转，“人是物非”……

2006 年，夫妻俩告别土坯房，搬进新哨所，种上了花草，吃上了新鲜蔬菜。2008 年，新的 20 米瞭望塔建成，守边夫妻更上层楼，看得更远了。2010 年，军武哨所前通了水泥路。2017 年，哨所配备了新一批护边员，两个人的相依变为一群人的坚守……

马军武感叹：“这都是党的政策好啊！”2010 年 7 月 1 日，在党的生日这天，马军武加入中国共产党。2013 年 7 月 1 日，张正美也成为党员。在党旗前，马军武郑重地为张正美戴上党徽。

2014 年 4 月 29 日，习近平总书记来到兵团考察。马军武向习近平总书记讲述了他在中哈边境桑德克哨所坚守 26 年、建设夫妻哨所的故事。在发言最后，身穿迷彩服的马军武向习近平总书记敬了一个标准的军礼并庄严承诺：“请总书记放心，我会一生一世在桑德克哨所守护下去。一生只做一件事，我为祖国当卫士！”

如今，马军武、张正美夫妻依然守护在中哈边境，守着对习近平总书记的承诺，为我国的巡边护河工作继续坚守。

72 张黎明：谱写新时代劳动者之歌

“无论如何，一定要保障千家万户用电安全。”这是时代楷模、新时代劳动者张黎明常记心间的一句话。一位平凡的劳动者，用一颗爱岗敬业的心，点亮了万家灯火。

1986年，技校毕业的张黎明凭借自己的大专文凭，进入天津塘沽供电局实习，从此与电结缘。他在这里扎根、起步、坚守，更在这里践行着服务人民的誓言。

张黎明从一个名不见经传的普通员工，变成了研发先进技术的“领头羊”，他扎根电力抢修一线30余年，身上有股不服输的韧劲。

刚开始从事电路抢修工作时，不仅技术要从零学起，还要懂地理、明方位。为了迅速掌握各项本领技能，张黎明总是随身带着笔记本。想起什么技术要点，有了什么经验感慨，都随手记下。为了提高工作效率，他把辖区内线路的全部位置及周边环境特点记在笔记本上，回到家把一条条电路线路图绘制下来，并把配电线路所带的用户及用户性质一一捋顺弄清。时间长了，张黎明练就了一手事故诊断的绝活，仅仅凭借线路运作、故障周围环境等，就能迅速准确地判断出事故的基本情况，被同事们称为“活地图”。

2006年，为了打通为民生保障的“最后一公里”，天津滨海供电公司成立共产党员服务队。张黎明自愿从管理岗转至生产岗，用无私奉献的爱心，守护着黑夜中的万家灯火。多年来，他累计巡检线路8万多千米，手绘电路抢修线路图1500多张，执行故障抢修任务2万余次。无论黑夜黎明，无论风吹日晒，他始终奋战在抢修一线，捧着一颗赤诚滚烫之心，服务万家。

在天津滨海新区，社区敬老助残服务卡、街道市民服务手册和便民爱心卡上，最引人注目的是张黎明始终“在线”的手机号码。党员服务队成立十多年来，累计开展志愿服务近万次。其中既有危急之际的救人事迹，也有为老旧楼道送光明的暖心之举。张黎明用实际行动，诠释着“让党旗飘扬、让百姓满意、让爱心传递”的郑重承诺。

张黎明常说，只有敢想、敢干、不怕失败，创新、创造、不断突破，才能为这个时代贡献“工人智慧”。为了让电路抢修得更快，张黎明和他的团队日夜钻研，研制出了能够代替人来完成一些极其危险和复杂操作的机器人——“钢铁侠”。张黎明还曾和同事反复试验，发明了“可摘取式低压刀闸”。线路变压器发生保险片短路烧毁故障的抢修时间，从过去的45分钟一下子缩短到8分钟。

除此之外，张黎明将自己职业生涯中积累总结的近万个电路故障成因，以及系列抢修宝贵经验编成《抢修百宝书》，并且分享给身边同事，引起极大反响。在夜以继日地不懈奋斗中，他积累下众多宝贵的成功经验以及对失败教训的反思。

扎根一线30余年，张黎明个人拥有国家专利24项，带领的团队获得国家专利148项，实现技术革新300多项。在他这个“蓝领创客”看来，只有把国家的电力技术做好、做大、做强，才能真正为人民生活谋幸福，为祖国电力事业的腾飞增砖添瓦。黎明出发，点亮万家。张黎明用传承与创新、专注与钻研、坚守与坚持，为“工匠精神”做出了最好的诠释。

73 刘传健：奋斗在蓝天的英雄机长

几万米高空，飞机风挡玻璃脱落、仪器毁坏、温度瞬间降至零下40多摄氏度，飞机驾驶舱内极度缺氧，机上119名乘客和9名机组人员命悬一线……这并不是美国大片，这是川航3U8633航班机长刘传健在飞行生涯中真真正正经历过的场景。

2018年5月14日早晨，川航3U8633航班从重庆飞往拉萨，刘传健担任责任机长。跟平时一样，刘传健和机组其他人员早早登机做准备。119名乘客有序进行检票、登机。

7点7分5秒，在飞机飞到6272英尺高度时，飞机舱音记录器中突然出现“嘭”的一声闷响，驾驶舱右风挡玻璃出现了放射网状裂纹。几乎同时，飞机出现警告信息。

紧接着，又出现“嘭”的一声。机组迅速向成都区域管制中心报告飞机故障，并申请下降高度并返航。

十几秒后，飞机右风挡玻璃爆裂脱落。副驾驶徐瑞辰的身体瞬间被强大的外泄气流带离座位，飞机自动驾驶模式断开。危急时刻，刘传健第一时间人工操纵飞机，开始下降高度。

由于设备损坏，机组与地面的联系也中断了。飞行区域管制采取了多种手段，持续呼叫机组，但均未收到回应。直到7点19分，飞机才与地面恢复联系，飞机继续向成都机场飞行，准备备降。

生死关头，机长刘传健凭借着极强的心理素质，果断处置险情。在驾驶舱温度下降至零下40摄氏度的情况下，他靠毅力，熟练掌握操纵杆，最终成功备降，确保了机上119名乘客和9名机组人员的生命安全。

此次成功降落也被称为中国民航“史诗级壮举”。凭借着在事故处置中的出色表现，刘传健荣获“中国民航英雄机长”称号。

刘传健的教科书级的操作，并不是一蹴而就的，是在多年的飞行中总结出来的经验，是日复一日、年复一年的磨炼。

1991年，19岁的刘传健响应号召，光荣入伍。从成为飞行学员的那一天起，刘传健始终牢记，飞行员的最高职责就是确保飞行安全。在部队期间，他先后执行过多次重要的飞行任务，每一次都出色完成。

2006年，他从空军第二飞行学院退役，并加入了四川航空股份有限公司。部队出身的刘传健，时刻对自己高标准、严要求。他的言行举止时刻都散发着军人严谨、刚毅、沉稳的气质。在十几年的飞行工作中，从未发生过一起人为导致的事故。

川航3U8633航班成功备降的事件成为中国民航史上的一次奇迹。以这次事件改编的电影《中国机长》也颇受好评。导演在了解了刘传健机长的传奇经历后，深受感动，他说："这惊心动魄的半小时应该搬上大荧幕，让所有人都了解中国人有多了不起！每一个人都可以当英雄，每一个职业的从业者也都可以当英雄"。

刘传健当选"感动中国2019年度人物"。"仪表失灵你越发清醒，乘客的心悬得越高，你肩上的责任越重。在万米高空的险情中如此从容，别问这是怎么做到的，每一个传奇背后都隐藏着坚守和执着。"这是给他的颁奖词。正是几十年如一日的坚守和执着，才成就了这位奋斗在蓝天的勇士。

74 李向群：用生命奏响"抗洪"凯歌

1998年的夏天，由于气候异常，长江、嫩江、松花江等流域出现强降雨，引发洪涝灾害。这是继1954年以来的又一次大洪水。湖北、湖南、安徽、黑龙江等沿江、沿湖地区受到洪水的威胁。为了保护人民群众的生命财产安全，中国人民解放军和武警部队大量官兵投入到抗洪抢险的战斗中。在这次战斗中，涌现出大批英雄人物，年仅20岁的李向群就是其中之一。

李向群，1978年9月21日出生在海南琼山。他是在"琼崖革命"的熏陶下成长起来的，对党和部队有特殊的感情。

1996年12月，李向群应征入伍，成为"塔山守备英雄团"的一名战士。在部队的培养下，李向群时刻严格要求自己。训练中，他迎难而上；学习上，他刻苦认真；完成任务时，他奋勇争先。入伍20个月里，他多次被评为"优秀士兵"，并荣立三等功一次。

1998年夏天，李向群回家探亲。当他从电视上看到有关洪水的消息后，提前结束休假，返回部队。

8 月 5 日，部队奉命赴荆州参加抗洪抢险。7 日，为迎战长江第 4 次洪峰，连队决定成立党员突击队，李向群立刻递交了入党申请志愿书，并要求参加突击队。

8 月 13 日，长江出现第 5 次洪峰，水位上涨。荆州太平口幸福闸出现险情。这段江面水流湍急，十分危险。李向群主动请缨，检查漏洞。他抱着沙袋跳入江中。由于下沉速度太快，他的左脚被闸门划开了一道长长的口子，血流不止。他强忍疼

李向群

痛，很快找到了漏水的位置。上堤后，又投入到新的战斗中。

8 月 14 日，是李向群最难忘的日子，党组织批准他入党。那天下午，他在救生衣上写下了“全力以赴”4 个大字。

8 月 16 日，长江第 6 次洪峰抵达荆江。李向群已经连续奋战了 14 个小时。由于长时间冒雨战斗，17 日下午，李向群晕倒在地，被迅速送进卫生队，这时，他体温已高达 40℃。

8 月 19 日下午 2 时左右，南平大堤出现紧急情况。李向群正在输液，他听到紧急集合哨音后，立刻拔掉针管、奔赴大堤。然而他感冒还没好，在一个多小时后再次晕倒在大堤上。

8 月 21 日 8 时左右，南平大堤又出现了滑坡。李向群又偷偷加入抗洪队伍中。指导员发现后，命令他回去休息。但是他仍然带病坚持抗洪。上午 10 时左右，李向群第三次晕倒，经过简单的治疗，他慢慢醒过来。刚刚醒来的李向群喝了两口水，又扛起了沙包。终于，在扛了 20 多袋后，体力不支，一头栽倒在大堤上，口吐鲜血。他被紧急送进了公安县第二人民医院，当晚又被转送广州军区武汉医院抢救。在生命垂危之际，他依然在问教导员王战飞：“晚上还有没有任务？一定要让我去……”

8 月 22 日，李向群病情恶化，经抢救无效壮烈牺牲。李向群牺牲后，原广州军区授予他“抗洪勇士”荣誉称号。

在 17 天的抗洪抢险斗争中，李向群不怕苦、不怕累，凭借顽强的拼搏精神，战斗至生命的最后一刻。李向群用 20 岁的生命，谱写出一曲感天动地的英雄赞歌。

75 张玉滚：深山红烛，照亮希望

巍巍伏牛山绵延数百里，草木葱茏。位于伏牛山深处的河南省南阳市镇平县高丘镇黑虎庙小学校园里，红旗迎风飘扬，教室书声琅琅，校长张玉滚正在为学生上课。在张玉滚的生活中，类似的场景已经存在了20年。山还是那座山，学校还是那所学校，学生送走了一届又一届，而张玉滚却始终坚守在这里。

张玉滚是一位从山村走出去又走回来的大学生。谈起黑虎庙小学，张玉滚想起了自己的童年时光。从小学习用心刻苦、勤思考肯钻研的他，最终考上南阳第二师范学校，得以离开这个偏僻的小山村。

但他没想到的是，一心想走出山村的他，最后却心甘情愿地留在这里，扎根在这穷乡僻壤之中，一扎便是20年。

2001年8月，眼瞅着开学在即，黑虎庙小学老校长吴龙奇为安排老师上课犯了难：算上返聘的老师，还有两个班没有老师授课。就在一筹莫展的时候，老校长突然想到村里还有一个正经的师范毕业生，还是自己教过的学生。吴龙奇满心欢喜，起身拎起一篮鸡蛋去了张玉滚家，劝他留下来教学。此时的张玉滚正准备收拾行李，和同学一起去南方打工。在吴龙奇的软磨硬泡下，他决定跟着老校长回学校看一看。十几年过去了，曾经的窘迫依然将学生们困在这山村的一隅：破桌子、破水泥台子，教室里面坐着十来个土孩子。师资匮乏，教材缺失。看着这儿的环境，再看看孩子们求知若渴的眼神，回想起曾经的自己，张玉滚决定放弃大城市的梦想追求。就这样，张玉滚成了一名每月拿 30 元补助的民办教师。

小山村不比大城市，交通闭塞，条件落后，没有老师愿意来，来了的待不了多久也都离开了。张玉滚不得不担负起多门课程的教授任务，不仅教语文，还要教数学、英语、思想品德、科学，教着五门课，拿着教一门课的工资。就连这微薄的薪水，还要有相当大一部分花在了教育和学生身上，自己一分钱掰成两半花。

张玉滚在黑虎庙小学教书，不为名不为利，只是想给那一个个像自己一样的孩子们一个读书的机会。“车上不来，人总能下去。”为了解决书本运输的问题，张玉滚便背起了扁担，一筐一筐地为孩子们搬运书籍、购置日常用品，十几年如一日。山村里的孩子多半都是留守儿童，张玉滚还常常去学生家里了解情况，每名学生家里什么情况他都一清二楚，时不时上门帮衬一下。由于条件限制，有时候学生们一日三餐的温饱都成问题，日日上学交通不便，山路凶险，耗时又长，张玉滚便又想办法东拼西凑，建起了食堂。但由于村子地理位置偏僻，给的工资又少，无人应聘厨师。张玉滚只好动员妻子来帮忙打杂。为此，他们甚至将自己两个尚且年幼的孩子送去寄宿学校。

爱是最长久的坚守，张玉滚爱学校、爱教育、爱孩子。课桌椅坏了，他来修；校舍破了，他来补；学生们需要的各种物品，他去挑；有的孩子没有餐费，他自己掏腰包垫上……除了给孩子们传授学业，张玉滚还拿出自己微薄的收入资助学生上学。20 年来，他先后资助过 300 多名学生，没让一个孩子失学。给孩子们走出大山的机会，而这机会却是张玉滚用自己的青春换来的。20 年来，他先后教过 600 多名孩子，培养出 31 名大学生，这些孩子也都在大城市里实现了自己的奋斗梦。

2018 年，张玉滚被评为感动中国十大人物之一，先后获得时代楷模、全国师德标兵、全国优秀教师、全国岗位学雷锋标兵、全国教书育人楷模等多项荣誉称号，荣获全国五一劳动奖章、中国青年五四奖章等。

对偏远的山村来说，每一所学校，就是一堆火；每一名老师，就像一盏灯。火焰虽微，也能温暖人心、点燃希望；灯光虽弱，却能划破夜空、照亮未来。育人 20 载，名利皆不求。张玉滚高高擎起教育的火种，照亮山村孩子走出大山的路。

76 张超：梦向深蓝，志在海天

尽管夏日的渤海湾畔阳光明媚，但熟悉的跑道上再也没有了张超熟悉的身影，每一架“飞鲨”都带着他的梦想翱翔海天，循着英雄的传奇而来，向着大海的方向降落。

2016 年 4 月，一辆舰载战斗机正在空中翱翔执行模拟任务，但在训练中飞机突发故障，一名飞行员被迫跳伞，不幸壮烈牺牲，29 岁正当时的生命航程就此结束……

他就是海军某舰载航空兵部队副营职中队长，一级飞行员——张超。在父母眼中，他是孝顺的儿子，在妻子心中，他是“气质男神”，在战友眼中，他是“暖男超哥”，面对生活，他永远都是满面笑容，是当之无愧的军旅英雄。

1986 年，张超出生在湖南岳阳的一个小山村，从儿时起，张超就对天空充满向往。2001 年，在南海的中美撞机事件中，“海空卫士”王伟英勇牺牲，举国上下万分悲痛。成为一名飞行员，成为张超和许多热血青年共同的愿望。

18 岁那年，张超通过层层选拔，顺利考入空军航空大学。

张超毕业分配时他主动申请来到“海空卫士”王伟生前所在的部队——海军航空兵某团，成了一名战斗机飞行员。

从初教机到高教机，从二代机到三代机，从陆基飞行到舰载飞行……他先后飞过 8 种不同型号的战机。无论是改装后的歼－8 飞机，还是新型国产三代战机，他都是同批飞行员中第一个放单飞的，是公认的飞行尖子。作为海军破例选拔、超常规培养的舰载战斗机飞行员之一，张超付出的努力非常人可比。

那天，渤海湾畔云淡风轻，乍暖还寒的时节，张超同往常一样开始了紧张而忙碌的飞行训练。那是当天最后一架次的路基模拟着舰训练，他驾驶歼－15 战斗机飞入着舰航线。

就在张超近乎完美地精准着陆后，已经接地滑跑的飞机突报“电传故障”，机头急速大幅上仰。危急关头，张超本能的反应是挽救飞机。现场视频和飞机参数据显示，从发现故障到跳伞，短短 4.4 秒的时间里，张超只有一个动作，就是竭尽全力推操纵杆，力图控制飞机状态，制止机头上扬，避免战机损毁。但由于飞机的高度和角度都不理想，跳伞后的张超被重重摔在几十米外的草地上，身体多处功能严重受损。

张超被紧急送往医院，那时的张超已经完成了所有课目的 93%，距离取得我国航母上舰资格几乎是近在咫尺。去往医院的路上，他颤颤地问战友：“我是不是要死了，再也飞不了了……”张超不甘心倒在离梦想咫尺之遥的地方，然而他最终还是停止了呼吸。

就在那天下午，张超的妻子张亚买好了到部队探亲的车票。

张超告诉妻子，“五一”后他就要上舰了，那一刻的荣耀和幸福，他要和妻子一起分享。然而，第一次来到丈夫的单位，张亚并没有等到意想中的鲜花，而是一个噩耗……

2016 年，中央军委追授张超“逐梦海天的强军先锋”荣誉称号，2018 年，经中央军委批准，追加“逐梦海天的强军先锋”张超为全军挂像英模。2019 年，国家主席习近平签署主席令，授予张超“人民英雄”国家荣誉称号。

当初参加招飞，张超的爸爸曾经说过“飞行员的职业太危险”，却没能劝住他。飞上蓝天，张超的梦想变得更加高远，他要飞最先进的战斗机，要去最前线。于是他来到舰载机飞行大队，梦想的力量让他无所畏惧，勇敢前行。

“你是先去了南海的沙滩，还是自由地飞上了大船，你是带着疼痛继续奋战，还是在梦里来到了云端：从今后谁还能互相陪伴，我若想你哪里才能相见……”这是战友徐英写给张超的一百行长诗《安宁地所在》。在战友们心中，张超永远和他们在一起。

77 黄文秀：脱贫之花在深山绽放

每当进入雨季，广西百色大石山区时常遭受洪涝、塌方、山体滑坡等自然灾害的侵袭。一天夜晚，电闪雷鸣、暴雨倾盆，一条从百色市通往乐业县的山路被突如其来的山洪淹没。黄文秀回家陪护刚做完肝癌手术不久的父亲后，因惦记百坭村的防汛抗洪工作，冒着暴雨连夜返回工作岗位，途中遭遇山洪，不幸遇难。她的一生，定格在芳华绽放的30岁。

2016年，黄文秀从北京师范大学研究生毕业，放弃了在大城市的工作机会，回到家乡报名考取了选调生，成为中共百色市委宣传部一名干部。2018年3月，黄文秀响应号召，到乐业县百坭村担任驻村第一书记。

黄文秀刚到任时，百坭村是个深度贫困村，石山林立，山路崎岖，交通不便，产业发展滞后。全村470多户人家，有贫困户190多户，脱贫攻坚任务艰巨。全村11个自然屯位置分散，多个屯距村部都在10千米以上。

刚到村里工作，黄文秀也曾哭过鼻子，她在日记中写道：

“大家见我是一个女生，对我也充满了好奇和期待……内心不禁觉得压力非常大。”越是困难，越要敢于挑战自我。慢慢地，黄文秀找到了施展才华、建设家乡的舞台。为了能在最短时间内掌握全村贫困户的详细情况，黄文秀不辞辛苦，用最“土”的办法，翻山越岭，挨家挨户登门拜访了解情况。她还做了一份手绘地图，上面有每一户人家的名字。驻村第五个月，黄文秀在日记里兴奋地写道：“我发现我的方言进步了，可以和贫困户完整地用桂柳话交流了。”

随着工作的不断深入，作为驻村第一书记的黄文秀充分发挥党支部的战斗堡垒作用。她走访了百坭村 38 名党员，征求党员对全村发展的意见建议，并将他们划分为 3 个党小组开展各类活动。白天落实专人负责在村里接待群众，晚上与村干部一起开展遍访贫困户工作，征求意见、宣传政策。同时，她还积极将“三会一课”等组织生活融入扶贫工作中，扎实推进抓党建促脱贫工作。

在走访调研中，黄文秀找准了百坭村发展的重点：产业。她和村两委干部一起，考察学习、请专家指导、挨家挨户宣传、号召党员带头示范，带领群众因地制宜，发展砂糖橘、八角、杉木等产业，帮助村民拓展增收渠道，壮大村集体经济，增强脱贫“造血”功能。

村民班统茂在黄文秀手把手指导下，种植 20 多亩砂糖橘，很快就脱了贫。黄文秀整天在城乡间来回奔走忙碌，穿梭在各个村屯之间。2019 年 3 月，黄文秀驻百坭村满一周年时，汽车的里程表恰好增加两万五千千米，她为此写下感言："我心中的长征，驻村一周年愉快。"

黄文秀快乐而充实的一年，换来了丰硕成果：百坭村完成屯内 1.5 千米道路硬化，新建 4 个蓄水池，安装 17 盏路灯，集体经济增收 6 万多元，有 88 户 418 人实现脱贫，贫困发生率由 22.88% 降到 2.71%。2020 年底，百坭村所有贫困户脱贫摘帽，实现了黄文秀生前的夙愿。2019 年 7 月 1 日，中共中央宣传部追授黄文秀"时代楷模"称号。

"我是从广西的贫困山区出来的，我想回去建设家乡，把希望带给更多父老乡亲。"这是黄文秀研究生毕业时许下的诺言。初心不灭，青春无悔。她将自己年轻的生命献给了扶贫事业，生命定格的那一瞬间，她依然走在为人民脱贫的路上。

78 杜富国：排雷英雄，为人民绽放青春

在中央电视台《感动中国2018年度人物颁奖盛典》中，一名身着军装的战士举起残缺的右臂，向全国人民敬了一个特殊的军礼。他用庄严的神情、特殊的军礼，立起一座无言的丰碑。他就是南部战区陆军某扫雷排爆大队战士——杜富国。

1991年11月，杜富国出生在贵州省遵义市的一个小山村。2010年，怀着对军营的无限向往，杜富国应征入伍。入伍后的他始终把“忠诚”和“信仰”四个字铭刻在心，牢记自己军人身份的使命和责任。

边境雷患对我国边境居民生命安全造成极大威胁，2015年，云南扫雷部队成立，杜富国主动请缨，申请加入扫雷大队征战边境雷场。经过四个多月的集训和临战训练，杜富国同400余名战友正式走上雷场，开始排雷作业。

从2015年开始，三年的时间，杜富国先后蹚过雷场1000余次，累计排雷排爆2400余枚，处置各类险情20多次。他还和战友们一起扫除了57.6平方千米的雷区，人工搜排出的地雷

和爆炸物将近20万枚。数字背后，是扫雷官兵与死神较量的硕果。

云南边境雷场，是典型的喀斯特地貌，扫雷官兵的作业区内，最陡峭的山坡坡度甚至达到80度。在这里，哪怕世界上最先进的扫雷设备，都无法使用，只能人工用探雷器扫、用手排。换句话说，置身险象环生的雷场，谁多排一颗雷，谁就多承受一分危险。

2018年10月11日下午，杜富国所在的小队在云南省麻栗坡县老山西侧坝子雷场进行扫雷作业。这里山高坡陡，灌木丛生，本该风景如画的地方，却处处是死亡幽灵在游荡。

杜富国在带领战士艾岩搜排一个爆炸物密集的阵地雷场时，发现一个少部分露于地表的弹体，初步判断是一颗当量大、危险性高的加重手榴弹，且下面可能埋着一个雷窝。杜富国马上向分队长报告。接到“查明有无诡计设置”的指令后，他命令艾岩：“你退后，让我来！”艾岩后退了几步。

正当杜富国按照作业规程，小心翼翼清除弹体周围的浮土时，突然“轰”的一声巨响，弹体发生爆炸。他下意识地倒向艾岩一侧，飞来的弹片伴随着强烈的冲击波，把杜富国的防护服炸成了棉花状，也把他炸成了一个血人。艾岩得救了，杜富国却因此失去了双手和双眼。

爆炸发生后，杜富国当场休克昏迷，伤情十分严重。现场军医紧急进行急救包扎处理后，战友们迅速护送杜富国到麻栗坡县人民医院进行先期抢救治疗。同时，扫雷大队向桂林联勤保障中心第 59 医院请求进一步医疗救援。部队医院迅速抽调外科、骨科、眼科、烧伤、皮肤等科室的多名专家，组成应急抢救小组，组织两辆救护车赶往麻栗坡县医院协助救治和护送。经过军地双方医护人员近 3 个小时的共同努力，杜富国术后伤情得到有效控制，生命体征趋于平稳。

与杜富国接触过的人都有一个共同感受，那就是在杜富国身上有一种超越他实际年龄的坚定、沉着和冷静。在得知自己双手被截肢的情况下，杜富国仍希望“装一双智能手，能继续去排雷去战斗”。在医院里，战友们轮流陪护，杜富国从未喊过一声疼。

2018 年 11 月，在杜富国的病房内，举行了一场庄严的仪式：南部战区陆军云南扫雷大队领导宣读了南部战区陆军为扫雷英雄杜富国记一等功的通令。

“英雄”二字重千钧。对杜富国来说，它是根植于内心的忠诚信念，是愿意用生命去换取的担当与坚守。正因为此，危急关头，他才会对战友喊出那句“你退后，让我来！”

血染雷场，情撼山岳。杜富国的事迹与精神，刻印在边境扫雷战场上，刻印在猎猎飘扬的八一军旗上，刻印在亿万国人的心中。

79 张定宇：以渐冻之躯，在颠簸中奋进

如果知道自己的生命开始倒计时，你是安于现状，等待生命最后一刻的到来，还是争分夺秒去做一些有意义的事情？

武汉市金银潭医院院长张定宇给了我们一个答案。他的故事告诉我们，如果我们无法延长生命的长度，那么就努力拓宽生命的广度。

金银潭医院是一家传染病专科医院。2019 年 12 月 29 日，随着首批不明原因肺炎患者转入医院，这里成为全民抗疫之战最早打响的地方。在这场抗疫之战中，总有一个踩着高低不平的脚步、蹒跚走路的人，穿梭于各个科室之间。他就是张定宇。

2018 年，张定宇被确诊患上渐冻症，这是一种罕见病症，慢慢会发展为全身肌肉萎缩和吞咽困难，直至呼吸衰竭。

刚刚得知这个消息时，他也有些害怕。静下心来，他慢慢接受了这个事实。如果“被判了死刑”，那就与时间赛跑。

2020 年，新冠肺炎疫情暴发，张定宇隐瞒自己的病情，以“渐冻”之躯冲锋在前，成为“最美的逆行者”。他带领金银潭

医院的医护人员，救治2800多名患者。

2020年春节前后，医院里一下子转进来很多病人。这次的病毒跟以往的都不一样，医院里的每个人都绷紧了弦，大家不停地收治病人、清理、消毒。

就在首批病人转入后第二天，张定宇冒着被感染的危险带领团队采集支气管肺泡灌洗液，并送往中科院武汉病毒研究所进行检测。

1月23日，武汉落实党中央决策部署，关闭了离汉通道。城市放慢了脚步，与挽救生命有关的一切却在加速。一快一慢间，是医护人员与时间赛跑的坚定脚步。

金银潭医院作为这场战争的主要阵地之一，每天灯火通明，彻夜忙碌，无人退缩。医护人员对生命的责任感，超越了对未知的恐惧。

“搞快点！搞快点！”在医院楼道里、病房里，总能听到张定宇的大嗓门。可伴随嗓门越来越大，他的脚步却越来越迟缓，跛行越来越严重。同事们追问他怎么回事，张定宇终于承认说：“我得了渐冻症。”

张定宇的病情让不少同事感到惊讶。明明在同事眼里，他的“速度”很快，每当病人有紧急情况，他都第一时间到达。

自己的身体，张定宇比谁都清楚，他在车后备厢里放了一根登山杖。最忙碌的那段时间，夜里回家的最后一段路，张定宇都要从后备厢取出登山杖，这个时候他不得不慢下来。

在各方支援到来前，张定宇和同事在一线撑了近一个月。

每当回忆起那段艰难的日子，他总是感慨："我很幸运，自己病情发展不是那么快，所以我更加珍惜这份眷顾，尽可能多干一些工作，而我的工作就是救人。"

作为医生，他无愧于病人，但作为丈夫、父亲，他却觉得亏欠太多。就在他为抗疫奋斗在一线时，他的妻子也不幸感染新型冠肺炎住院。当得知妻子确诊后的当天晚上，张定宇害怕极了，他联想到，如果妻子转化成重症、危重症，最后拉都拉不回来怎么办？这个在病毒面前从来不屈服的老男人忍不住流下了眼泪。

可是他根本顾及不上妻子，因为大家还等着他来领导，还有很多同样的患者等着他救治，他选择在抗疫前线坚守。好在经过治疗后，妻子痊愈出院。

那段时间，张定宇一心扑在救治工作上。早上，他往往第一个到医院。收病人、转病人、管病人，他都亲自过问。最终，在他的带领下，金银潭医院救治 2800 多名患者，打赢了这场抗疫之战。

翻看张定宇的履历，不难发现，张定宇在疫情面前，表现出的无畏、果敢是日积月累的结果。

从医 30 多年来，他遇到过大大小小几十次选择。每当需要他在患者和自己之间做选择时，他都会毫不犹豫地选择患者。他还多次出国，进行医疗援助。10 年前，也是在除夕，张定宇作为湖北第一位"无国界医生"，远赴巴基斯坦西北的蒂默加拉医院。

张定宇被授予“人民英雄”称号。面对荣誉，他说：“共产党员、院长、医生，无论哪个身份，在这非常时期、危急时刻，都没理由退半步，必须坚决顶上去！”

80 陈薇：与“毒”共舞的女将军

看过《战狼2》的人都知道，影片中有一位援非医生陈博士，在艰苦的环境下，成功战胜了埃博拉病毒。而在现实生活中，我们也有一位“陈博士”，她也战胜了埃博拉病毒，被称为“埃博拉终结者”。她就是中国工程院院士——陈薇。

1966年2月，陈薇出生在浙江省中西部的兰溪市。1984年，陈薇考入浙江大学，学习化学工程专业。毕业后，因成绩优异，她被保送到清华大学生物化工专业读研。

1991年，在她清华大学硕士毕业之际，陈薇收到了深圳一家公司的邀请。然而出于对科研的爱好，她放弃了诱人的高薪，主动找到军事医学科学院，要求从军。穿上军装，陈薇就此与“毒”结下了不解之缘。30年来，她与各种“毒”为伴，每一次重大疫情中，都有她的身影。她始终奋战在对抗病毒的第一线，致力于研发对抗炭疽、SARS、新冠等病毒的疫苗，为人民群众的生命安全一次次铸造出强大的盾牌。

2003年，“非典型肺炎”暴发。陈薇带领研究人员夜以继日地工作。为了研究“重组人干扰素 ω”对 SARS 病毒的抑制作用，她带头进入负压实验室。为和疫情抢时间，她顾不上因缺氧带来的伤害，经常一待就是八九个小时。在临床试验阶段，她冒着生命危险，奋战在一线，每天和 SARS 病毒零距离接触。功夫不负有心人，陈薇团队只用了 50 天，就验证了干扰素的有效性，让一万四千多名医护人员免于感染“非典型肺炎”的危险。

抗击 SARS 病毒的战争刚刚胜利，2004 年，陈薇又将目光投向了埃博拉病毒，开启了埃博拉疫苗的研制工作。在塞拉利昂工作时，陈薇近距离接触过几十个孤儿，他们的亲人都是被埃博拉病毒夺去了生命。这让陈薇有了新的奋斗目标——“想把我们的疫苗用在全世界人身上”。这一研究就是 10 年。

其实，早在 1976 年，埃博拉病毒就曾在非洲暴发过。可在几十年时间里，并没有疫苗问世。直到 2014 年西非大规模暴发埃博拉疫情，因病毒致死率极高、传染性强，一时间全世界谈“埃”色变。就在这时，陈薇逆行而战，奔赴非洲一线。

在前期工作的基础上，陈薇团队经过夜以继日的科技攻关，终于研发出了全球首个埃博拉疫苗。小小的一支疫苗，为埃博拉疫情的控制，提供了有力“武器”，为非洲疫区的无数生命打开了希望之门。这是我国完全自主研发的疫苗第一次走出国门，实现了我国自主研发疫苗境外临床试验零的突破。因此，她也获得了“埃博拉终结者”的称号。

与“毒”为伍的陈薇，哪里有危险就冲向哪里，始终冲在危险的前线。

2020年，新冠病毒暴发，在对病毒一无所知的情况下，她又第一时间“逆行”进入武汉。又一场与时间赛跑的战争拉开序幕。

为了尽快采集到样本，陈薇和专家组同事仅用一天的时间就紧急搭建起临时检测实验室。他们用自主研发的检测试剂盒，配合核酸全自动提取技术，实现了新冠病毒快速检测，为疫苗的研制和开发争取了时间。

2020年3月16日，在全球新冠病毒还在肆虐的时候，陈薇团队研制的新冠病毒疫苗进入临床试验阶段，他们又全球第一个发布疫苗人体试验数据，证明疫苗是安全有效的。疫苗被列入军队储备物资应急生产、优先储备。她带领团队仅用24天完成5万支应急生产任务，第一时间调配4.5万支供援鄂医护人员使用，对实现医护人员零感染起到了重要作用。

“不积小流无以成江海”，成功战胜埃博拉病毒，并研制出“新冠”病毒疫苗，陈薇依靠的是常年与“毒”为伍积累下来的技术和经验。30年来，她率领团队，攻坚克难，冒着生命危险，完成了一次又一次重大突破，使我国对相关生物防御能力达到世界领先水平。30年与“毒”为伍，拯救无数生命。然而，陈薇却从不张扬，总是默默地奉献。“为了祖国的明天，我愿做一块普普通通的基石，铺成一条小路，让更多的人走向明天”，这就是她的真实写照。